‖\ 见识城邦

更新知识地图　拓展认知边界

Gute Unterhaltung

Byung-Chul Han

娱乐何为

[德]韩炳哲　著　　关玉红　译

中信出版集团 | 北京

图书在版编目（CIP）数据

娱乐何为 / (德) 韩炳哲著；关玉红译 . -- 北京：
中信出版社，2019.6（2025.8 重印）
ISBN 978-7-5217-0481-5

Ⅰ.①娱… Ⅱ.①韩… ②关… Ⅲ.①休闲娱乐－哲
学理论－研究 Ⅳ.① B0

中国版本图书馆 CIP 数据核字 (2019) 第 085807 号

Gute Unterhaltung by Byung-Chul Han
Copyright © MSB Matthes & Seitz Berlin Verlagsgesellschaft mbH, Berlin 2017
First published in the series Fröhliche Wissenschaft
Simplified Chinese translation copyright ©2019 by CITIC Press Corporation
ALL RIGHTS RESERVED

本书仅限中国大陆地区发行销售

娱乐何为

著　　者：［德］韩炳哲
译　　者：关玉红
出版发行：中信出版集团股份有限公司
　　　　　（北京市朝阳区东三环北路27号嘉铭中心　邮编　100020）
承 印 者：北京通州皇家印刷厂

开　　本：880mm×1230mm　1/32　　印　　张：6.25　　字　　数：120千字
版　　次：2019年6月第1版　　　　　印　　次：2025年8月第11次印刷
京权图字：01-2019-2334
书　　号：ISBN 978-7-5217-0481-5
定　　价：38.00元

目　录

再版前言

西方历史是一部基督受难史（Passionsgeschichte）。功绩（Leistung）意为新的受难模式（Passionsformel）。煞风景的基督受难再次登场。劳动与游戏（Spiel）本相互排斥，而如今，游戏却要服从于生产。生产因此被游戏化。

功绩社会（Leistungsgesellschaft）一直都是受难社会。为了取得更高的成绩，就连游戏者都要服用兴奋剂。娱乐（Unterhaltung）则成了衍生品，带上了些许光怪陆离的色彩。它只配与"心不在焉"联系在一起。倘若能够逾越这种受难的时代，不仅会产生品质优良的娱乐，还会产生令人愉悦的娱乐，即借助美好事物进行的娱乐。这时，"游戏"（SPIEL）才会重见天日。

前　言

受难是她的性格。

音乐不使人的内心产生痛，

她无关乎人的行为和情动。

她是超乎人之上的痛……

她把痛活生生地压在人的双肩。

这是苍生之上的星空需要的痛。

　　　　——西奥多·W. 阿多诺（Theodor W.Adorno）

写作即祈祷。（Schreiben als Form des Gebetes.）

　　　　　　——弗兰兹·卡夫卡（Franz Kafka）

娱乐泛化现在宣告某种全新事物降临。世界观与现实观方面也显示出发生基础性改变的苗头。今天，娱乐晋升为一种新的范式（Paradigma），或者说一种新的存在程式（Seinsformel），它决定了什么能够掌控世界，什么不能掌控世界。当然，也决定了什么最能掌控世界。这样，现实（Wirklichkeit）就作为娱乐的一种特殊结果，呈现在世人面前。

娱乐的绝对化导致享乐世界的产生。基督受难精神将享乐主义解释并降级为衰落、虚无，即非存在（Nicht-Sein）。然而，基督受难与娱乐本质上并非完全不同。娱乐的纯粹无意义性（Unsinn）与耶稣受难的纯粹无意义性是相似的。痛苦之人（homo doloris）痛苦狰狞的表情像极了小丑的微笑。受难者为了福佑将自己的幸福抵押出去。这种悖论正是我们要去探究的。

甜蜜十字架

你是一切福分的源泉，

赐予我多少福善。

你的口以奶与蜜，

增补我力；

你的灵带给我，

多少天国的欢乐。

——约翰·塞巴斯蒂安·巴赫

（Johann Sebastian Bach）

《马太受难曲》（*Matthäus-Passion*）

　　据历史记载，当《马太受难曲》于1727年的基督受难日在莱比锡托马斯教堂首次奏响时，所有的人都惊讶不已。尊贵的牧师以及贵妇人们面面相觑，说："接下来该怎么办？"一个虔诚的寡妇因为惊慌而大喊："上帝保佑，你们这群孩子怎么可以这样！这不成了歌剧院或者喜剧院了嘛！"这是一个叫盖尔波（Gerber）的人在其《萨克森教堂礼仪史》（*Historie der Kirchen-Ceremonien in Sachsen*）中所做的描述。[1]这位盖尔波本可以顺理成章地成为一名严格意义上的康德派哲学家，却对礼拜仪式上越来越多的音乐演奏大加指责。让他感到遗憾的是，竟然有人对礼拜这种纯粹的事物产生了愉悦之情，并表现出爽朗活泼和欲乐（Wollust）般的情绪。然而，音乐和基督受难本不调和："是否可以在教堂中演奏适度的音乐……我们都知道，音乐常常过于夸张，引用摩西的话：过头了，利未的孩子们。《圣经》第四册，摩西第十六章。因为这声音听起来完全是世俗的，充满欲望的，这种音乐最好去舞厅或者歌剧院，而不应在教堂礼拜时演奏。众多虔诚的人认为，这种音乐最不该在唱颂基督受难的时候被演奏。"[2]

《马太受难曲》对于莱比锡的议员们来说也一定过于戏剧化和歌剧化了。它的上演激化了议员们与巴赫本就存在的紧张关系。因此，议员委员会决定削减巴赫的薪酬。巴赫作为圣托马斯学校乐监的聘书证明中写道："为了维护教堂内的良好秩序，应安排持续时间不长的音乐，并确保其不产生歌剧的效果。音乐更重要的是激起听众的虔诚之情。"[3]从乐监局这条值得注意的附加条款中可以看出，宗教音乐与世俗音乐的混同正在加剧。宗教音乐逐渐与礼拜仪式疏离，越来越接近市民摩登音乐会音乐："带有世俗康塔塔风格和歌剧风格的戏剧化教堂音乐遭到虔信主义者的强烈抨击。但这种音乐的传播却为音乐形式的发展指明了一条道路：格鲁克歌剧和海顿清唱的音乐理想沿着这条路走出去后熠熠生辉。"[4]

　　一方面，巴赫时代的音乐充满了威尔士的轻快、痴狂和丰富饱满的优美音调。"行家"和"爱好者"构成了新的音乐受众。对他们来说，首要的是享受音乐，并且形成对音乐的审美观。另一方面，在路德新教（Orthodoxie）的圈子里也出现了针对礼拜仪式中艺术性音乐的批评声音。虔信派运动引发了对音乐的严酷敌意。他们只会容忍那些旋律朗朗上口，可以宁静真挚地被唱颂的宗教歌曲。音乐不许淹没歌词，不可以展现自己的力量。盖尔波援引虔信主义奠基人菲利普·雅各·施本尔（Philipp Jacob Spener）的老师丹浩尔（Dannhauer）的观点，认为："器乐音乐无非是教堂的一些点缀，绝不属于礼拜仪式的核心。也正是这位神学家拒绝采纳乐器伴奏的演唱的方式，因为唱歌的时候如果乐器发出声响，就没人能真正听懂所唱的歌词……"[5] 盖尔波相信，教堂音乐的传播是不可阻挡的，因此他劝告他的读者，那些"纯良之人"，要"耐心"地去"容忍"教堂音乐，在礼拜仪式上不要心存厌恶。[6]

盖尔波觉得最好将教堂中所有的管风琴都拆除："嗯，一个管风琴不够用，有些教堂得用两个，人们不禁要问，这些废物到底有什么用。"[7]在盖尔波看来，管风琴的作用必须被削弱，它只能用来在歌唱时保持音调的正确高度，以完成一首歌从头至尾的演唱："教堂里的管风琴在某种程度上还是有些用处的，因为它们可以帮助人们在起唱时找到正确的音调，并且按照统一的音调唱下去，直至歌曲结束。否则，就容易发生领唱、合唱队队长或牧师降调的情况，压低音调演唱就可能唱不完整首歌。"[8]管风琴其他的内在美学价值都应该被摒弃。管风琴的声响，只会加大理解歌词的难度。为了理解歌词，应该减少器乐音乐的运用："礼拜仪式包括祷告、唱圣歌、赞美神、聆听和思考神的话语，这些程序都不需要管风琴以及其他乐器；第一所教堂在两三百年的时间里没有使用过管风琴。"[9]

教堂音乐只是"点缀"而已。对于礼拜仪式的内在来说，它只是外在的形式。原教旨主义者特奥菲尔·格罗斯格鲍尔（Theophil Großgebauer）因其对音乐的敌意而与虔信主义者意气相投，盖尔波引用了格罗斯格鲍尔的观点作为支持自己意见的依据。他引用了格罗斯格鲍尔那部极力预知未来的著作《来自被摧毁的锡安山的守护者之音》（*Wächterstimme aus dem verwüsteten Zion*，1661）作为论据："音乐娱乐人心的作用，大于使内心归于神性的作用。"[10] 音乐具有外在性，而内在恰恰要保护自己不受这种外在的侵扰："耶稣救世主不是明确地说过吗？上帝的王国不是在万众瞩目中降临的，而是存在于我们每个人的内心。"[11] 就此而言，音乐沦为附属物，一种精神的"调味料"，它和让"上帝的药"由苦变甜的糖一样，只是歌词这道菜肴的外在表现。[12]

问题就出在这种对外在与内在、心灵与心情、本质与装点，抑或菜肴与调味料的严格区分。从本质上看，难道调味料不属于菜肴的一部分吗？难道不存在并非如药般苦涩，而是如糖般甜蜜的神的话语吗？神坦言，心中充满神秘感的滋味是最甜蜜的。[13]那神带来的甜蜜和音乐带来的甜蜜又有什么区别呢？

虔信教徒反对舞曲。矛盾的是，他们所唱的虔诚的圣歌却那么有舞曲的感觉。其中有几首圣歌听起来就像小步舞曲。一个自称为"纯粹新教的追随者、健康神学的朋友"的人嘲讽地说，这些虔诚的圣歌更适合伴舞，而不适合祷告。信徒们的身体随着音乐向前挪动，跟着这样的旋律唱出一首新的歌曲，名字叫《当祖父迎娶祖母时》[1]。[14]

格罗斯格鲍尔反对那些迷惑可怜之人的华丽和浮

1　《当祖父迎娶祖母时》（*da der Groß-Vater die Groß-Mutter nahm*）是一首
　　19 世纪的民歌。这段话讲虔信派的教堂音乐（Kirchenmusik）适于舞蹈
　　的特点。作为新教内部分支的虔信派极其注重个人内心虔诚，抵触舞
　　蹈之类世俗色彩浓重的活动，但虔信派却偏偏创作、改编出了旋律上
　　适合舞蹈的教堂音乐和赞美诗，因为他们往往将宗教情感转化成家庭
　　伦理，或对国家的热爱。——译者注（后同，不再注标）

夸的靡靡之音[15]，他一再强调歌词的意义是首要的。
神的话语就足以让我们产生欢乐。格罗斯格鲍尔认
为，将神的话语写成优美的诗歌，用美妙的旋律让神
的话语穿过耳朵流入心底是一种智慧。然而，令人反
感的、崇尚娘娘腔的女神西布莉（Cybele）却无法带
来神的欢乐。她把琴弦弹拨得那样欢快，是为了泼洒
出自己的血液。[16]弗里吉亚的曲调，亦即心醉神迷的
曲调，代表着陶醉和激情，指向的却是西布莉和狄奥
尼索斯（Dionysos）的纵欲之音。格罗斯格鲍尔觉得
在礼拜仪式中演奏那些会让人陶醉到忘记神的话语的
西布莉式音乐是令人厌恶的。然而，他并没有坚定地
远离这种陶醉。这种对世俗音乐的陶醉卷土重来。《旧
约》中的诗篇应该像甜美的葡萄酒那样使人精神陶醉：
"如同酒鬼一身酒气，教徒也应该精神健全。耶稣使
徒把什么交到了我们手上，填补了我们心智的空白？
无非就是诗篇（赞美歌），即宗教歌曲。它是甘甜的
葡萄酒，是教徒必须喝下的葡萄酒，如此才能灵魂

饱满。"[17] 然而，如何区分精神的陶醉和情感的陶醉呢？陶醉于歌词和陶醉于音乐之间，陶醉于世俗的葡萄酒和宗教的葡萄酒之间真的存在本质上的区别吗？上帝——绝对欢愉的代名词？据说以宗教狂热和宗教幻想闻名的虔敬派歌手安娜·玛丽亚·舒哈特（Anna Maria Schuchart）从沉睡的麻木中苏醒过来，唱出了下面这首歌：

> 您已在天堂
>
> 应当随时品尝
>
> 耶稣基督
>
> 为你们
>
> 在十字架上流淌的血
>
> 从耶稣的伤口中流出的血
>
> ……
>
> 看那最美妙的喜乐
>
> 那是在天堂里应有的欣喜

……

若人世沉沦

沉入地狱

来救赎的是耶稣

他将虔敬的信徒从地狱中拉回

从世俗

救到他的世界

为其戴上桂冠

永远令其欢快。[18]

格罗斯格鲍尔认为，我们要做的是，不要将圣血即耶稣之血同西布莉之血混为一谈。它们从味道上来说是相似的，都是甘甜的。它们也都一样令人陶醉。

盖尔波认为，礼拜仪式中的音乐往往是乐天、狂喜的风格。诗人克里斯蒂安·弗里德里希·亨利茨（Christian Friedrich Henrici）是《马太受难曲》歌剧的词作者，据说巴赫与他交往甚好。[19] 此人很像个乐天派。《德国人物传》(*Allgemeinen Deutschen Biographie*，1880)对亨利茨有如下记载："尽管不无诗歌天赋，他仍然想通过难登大雅之堂的笑话和粗劣、不成体统的玩笑来愉悦原始的灵魂，最终也达成所愿。为此，他得到最多的就是来自同时代以及后世规矩正派之人的蔑视。"记载中还写到，他的每一首诗歌都充满了谚语，偶尔也会用到极其少用的有伤风化的成语。[20]《马太受难曲》的词作者恰恰就是这位喜欢低级趣味的亨利茨，别名皮坎多(Picander)。他还是巴赫的一些世俗康塔塔的词作者，如《咖啡康塔塔》(作品第 211 号)。以下是《丽茜》欲乐咏叹调：

> 啊，多么香甜的咖啡，
>
> 比一千个情人的吻还甜蜜，
>
> 比麝香葡萄酒更醉人。
>
> 咖啡啊咖啡，我一定要喝；
>
> 如果有人要款待我，

就请满上我的咖啡杯!

正如《德国人物传》中所写，皮坎多一定不是虔诚的信徒。他对基督受难这段故事必定是持怀疑态度的。这首出自《十字路口的赫拉克勒斯》(*Hercules auf dem Scheideweg*)康塔塔的欲乐咏叹调也是由他作词，读起来就像他自己的人生座右铭：

愿意选择汗水的人，

会在从容与俏皮知足中

得到真正的救赎吗？

巴赫在为妻子安娜·玛格达列娜（Anna Magdalena）编写的《钢琴手册》(*Klavierbüchlein*)封皮内侧所作的题为《抵抗忧伤》(*Anti-Melancholicus*)的侧记，看起来就像巴赫的人生座右铭。巴赫的脑海中一定曾浮现过成为快乐音乐家的想法。这样的音乐家可以提前享受天堂里的娱乐活动。对于这位快乐的音乐家来说，娱乐或者愉悦心情，与颂扬上帝并不矛盾。

巴赫在《通奏低音理论》(Generalbasslehre，1738)中对通奏低音做出如下定义："所有音乐，包括通奏低音，其终极的动机，不外乎歌颂上帝和愉悦心灵。若不考虑这些，就不是本真的音乐，而是魔鬼般的嚎叫与单调重复。"[21] 巴赫显然参考了弗里德里希·埃尔哈德·尼德 (Friedrich Erhard Niedt) 1710 年所作的《音乐指南》(Musicalische Handleitung)。然而，可以确定的是，他与尼德对通奏低音的定义是不同的。尼德认为："所有音乐的终极动机，也包括通奏低音，不外乎歌颂上帝和愉悦心灵。若不考虑这些，就不是正统意义上本真的音乐。那些亵渎这种尊贵与神圣艺术的人，为了燃起他们的欲乐与肉欲 (fleischliche Begierden) 的人，就是魔鬼音乐家。因为撒旦才喜欢听这种有伤大雅的东西。这种音乐对他来说就已经足够好了。然而，在上帝耳中，这种音乐

就是粗野下流的吵闹声。"[22] 巴赫对通奏低音的定义
没有解释清楚，是什么使音乐变成魔鬼般的嚎叫与单
调的重复。尼德定义中出现的"欲乐""肉欲"等表
达，巴赫完全没有使用。他或许知道，心灵的愉悦必
然包含对欲望的感受。鉴于所有的音乐都是一种享受，
人们很难区分上帝的情致与魔鬼的欲望，神的娱乐与
世俗的娱乐。除此之外，不仅撒旦，就连耶稣也会流
露出这种欲乐。这种欲乐在巴赫的宗教康塔塔中执着
地反复出现。在《看啊，天父给我们的是何等的爱》
（ *Sehet, welch eine Liebe hat uns der Vater erzeiget* ）康塔
塔中，就可以听到一首表达欲乐的众赞歌：

> 这个世界，还有它所有的奇珍异宝，
>
> 如何能让我有所欲望，
>
> 只有在你身旁，我的主，
>
> 我才让自己获得欢愉！
>
> 你是我对欢乐唯一的想象：

你，你就是我的渴望。

我对这个世界别无他求。

年轻的巴赫在《管风琴手册》（*Orgel-Büchlein*，1712—1717）的扉页上写道："仅为崇奉唯一至高无上的主，其次，才为从中获得教益。"在这里，他尚未谈及愉悦心灵。音乐主要是对上帝的颂歌。它只为至高无上的上帝而作。然而，1739 年的《钢琴练习曲集》，却不再提及崇奉上帝的话题。愉悦心灵取代了苦拜上帝："在初级钢琴练习曲的第三部分中，有与教义问答（Catechismus）和其他颂歌有关的前奏，置于管风琴演奏前，供爱好者和同行的行家消遣。"就连为受失眠困扰的伯爵而作的《哥德堡变奏曲》（*Goldberg-Variationen*，1741），也被巴赫注明"供音乐爱好者消遣"。音乐爱好者和行家作为巴赫音乐的新受众，将巴赫的音乐从与神学的关联中剥离出来，这才让人产生了对现世所显的神之秩序与神之和谐的喜爱——这种秩序与和谐是通过音乐反射出来的。现在，音乐成了培养审美观以及享受乐趣的工具。就此而言，音乐是相当时髦的。

难道巴赫不能在《马太受难曲》的开头也注明"供爱好者，尤其是同行行家消遣"吗？《马太受难曲》具有高度的戏剧张力，对话让某些部分像戏剧场景一样。虔诚的寡妇高呼"上帝保佑，你们这群孩子怎么可以这样！这不成了歌剧院或者喜剧院了嘛"，其实并不夸张。

巴赫的《马太受难曲》被世人遗忘了很久。直到 100 年后的 1829 年 3 月 11 日，它才由门德尔松在柏林再次奏响，而且不是在教堂礼拜时，而是在音乐会大厅中。要特别说明的是，帕格尼尼也于同一天在柏林举办音乐会。门德尔松对作品所做的修改，使巴赫的《马太受难曲》在某种程度上变得不再那么具有话语性。他删除了《圣经》叙事的章节，去除了妨碍戏剧情节发展的元素。作品的时长被压缩到原作表演

时长的一半。演奏速度变快，声音持续渐强，这使戏
剧情节变得格外紧张。只由一个键盘乐器伴奏的"乏
味"的宣叙调——"看啊，神庙的帘子被撕破"（Und
siehe da, der Vorhang im Tempel zerriß），描述的是耶
稣被钉十字架后紧接着发生的戏剧性事件——变成了
丰富多彩的音乐画卷。[23] 由门德尔松配器的宣叙调之
前的众赞歌《某日当我必须离去时》（*Wenn ich einmal
soll scheiden*），则是没有乐器伴奏的阿卡佩拉清唱（a
cappella）[24]，基于这种反差形成了高度的戏剧张力。
《马太受难曲》在这种浪漫抒情的意义上才真正值得
注明"仅供爱好者消遣"。

1870 年，年轻的尼采（Nietzsche）从巴塞尔给他
的朋友欧文·罗德（Erwin Rohde）写信："这周我听
了三遍由神一般的巴赫所创作的《马太受难曲》，每
一次都充满不变如初的无比惊叹。那些荒废了基督教
义的人，可以把它当作福音书来听。那是一种否定意
志、忘记禁欲的音乐。"[25] 多年后，具有启蒙思想的

尼采意识到，巴赫的音乐中仍然有太多生硬的基督教特点、生硬的德意志民族特点以及生硬的经院哲学特点。尼采认为，巴赫虽然站在超越教堂、超越音乐对位法的现代音乐门槛上，却在这里四处张望，找寻中世纪。[26]

那些荒废了基督教教义的人，可能也不会因为受难曲而重新获得信仰。他们最多也就是用乐音和感觉来排遣因荒废信仰而产生的空虚而已。对他们来说，上帝也许是一种戏剧效果，一种声乐效果，抑或一种特殊的音乐对位效果。它会随着乐音的消退而幻灭。曾与黑格尔和海涅一起出席柏林《马太受难曲》复演的施莱尔马赫（Schleiermacher）一定还会对这段倾诉情感的宗教音乐难以忘怀。音乐传达的信仰内容早已被冲蚀。艺术或艺术音乐成为宗教，以宗教自身之瓦解为前提。若清空"能指"（Signifikant）或"上帝"这个词，还能剩下什么？受难曲不就彻底成了娱乐，也就是心灵的消遣了吗？

虔诚的尼采早在 14 岁时就开始了对现代音乐的思考。音乐的主要用途应该是"升华我们的思想，让我们高尚"，而这恰恰是教堂音乐首要的用途。音乐不该用于消遣娱乐。然而，"几乎整个现代音乐"都有这种"消遣娱乐的痕迹"。还没有自己独立的思想，想要把未成形的思想隐藏在那熠熠生辉的精神之后的年轻的尼采，认为现代音乐和"未来诗歌"（Zukunftspoesie）是相似的。现代音乐只是制造了没有深意的美丽表象而已。[27]

然而，后来的尼采却对音乐的轻松、青春和明朗（Heiterkeit）大加赞颂。但是，这里所说的明朗，并非如海德格尔所说的悲剧四伏的、庄严崇高的明朗，而是"非洲式"的明朗。尼采认为，"那必定是地中海式音乐"。他发誓放弃瓦格纳那种让人"流汗"的耶稣受难曲。瓦格纳的音乐某种意义上也确实是一种意在救赎的基督受难曲："瓦格纳一心只想救赎：其歌剧是关于救赎的歌剧。"[28] 然而，青春、"健康"和自然（Natur）的音乐则是明朗、甜美、无需救赎、无需拯救的存在。尼采追求摩尔人的舞蹈，向往令人能感受到南国、褐色以及阳光灼烧的音乐，向往幸福的金色午后，这种音乐所带来的幸福"短暂，突如其来，不被打断"。被喜欢的还有那种"轻松、柔顺并且谦卑有礼""缓缓而来"的音乐。[29] 尼采美学的主旨可以概括为："善是柔和的，神圣的一切都迈着柔和的步子行进。"（Das Gute ist leicht, alles Göttliche läuft auf zarten Füssen.）然而，瓦格纳的音乐在尼采看来就像一股压抑闷热的东南风。因此，尼采称其音乐为"热海风"："我闷出一身烦躁的汗水。随着心情的好转，才慢慢消汗。"另外，尼采认为，新式音乐还应该是"流行"的。它不是某个个体的音乐，而是大众化的音乐，确切地说，就是那种有非洲节奏的流行音乐。

尼采以奥芬巴赫音乐的"轻松"（Leichtigkeit）来反对瓦格纳音乐的沉重、深刻和矫揉造作（Pathos）。奥芬巴赫自由明快的音乐[30]，缓慢悠扬，保证能

"真正救人于德国浪漫派音乐家之敏感和本质退化之
中"[31]，能让这场特殊救赎，把人从不断救赎的需求
中解救出来。奥芬巴赫的音乐是一种无欲无求的此在
（Hiersein）。它的"轻松"，确切地说，那种"随性"
（Leichtfertigkeit）将音乐从受难曲中，从极端情感的
欲罢不能中拯救出来。[32] 因此，没有"矫揉造作"、
没有"恐怖时长"的音乐，就是一种自由的音乐，一
种为自由快乐的人类而存在的音乐。尼采就此不再是
痛苦之人。

　　就连巴赫也无法在救赎与消遣、受难曲与娱乐之
间找准定位，不论是在音乐的层面，还是在歌词与概
念的层面。享受（Laben）摇摆于上帝、口腹之欲和男
欢女爱之间。被鄙弃的欲乐又绕道回到了宗教仪式上。
"甜蜜"的不仅是"咖啡"或者"吻"，还有"十字
架"。"甜蜜的十字架"并非矛盾的修辞，而更像修
辞上的赘语。《约翰受难曲》中也说："耶稣，你的受
难于我而言是真正的快乐。"救赎的意义也将死亡转

化成"甜蜜的天堂般的喜悦"。人们不再严格地区分何为"天堂里的快乐",何为"心灵的愉悦";造成这种区别的,是所谓的"名义",是"上帝"这一"能指"。上帝就像透镜的焦点,将快乐(Freude)与愉悦(Lust)聚焦在一起,对二者进行聚拢强化,避免其在特殊的意义上发生"散射"(Zerstreuung)。

柏拉图在《法义》(*Nomoi*)中对各种不同形式的音乐加以区别,并且断然地劝告人们,不要将各种音乐混为一谈。他反对将为上帝而写的歌曲,即颂歌,与其他世俗音乐搅和在一起。他抱怨那些诗人将所有的一切都糅杂在一起,由于无知,无意中"传播关于音乐的谎言,那就是,音乐中不包含一丁点儿真理,是否能为人带来快乐是评判音乐最正确的标准"[33]。柏拉图认为,崇奉上帝和消遣娱乐是两件不可以混淆的根本不同的事情。法律应对此进行监督,以确保二者的严密隔离。

巴赫并未轻易地赞同柏拉图关于保持音乐纯粹性

的信条。恰恰是他滑稽的模仿性改编（Parodieverfahren）使得宗教音乐和世俗音乐彼此融合。巴赫一再地将世俗康塔塔植入他的宗教音乐作品中。因此，圣诞清唱剧（Weihnachtsoratorium）也重现了"情节剧"（Dramma per Musica）[1]《十字路口的赫拉克勒斯》的部分内容。这部情节剧描述了赫拉克勒斯如何大无畏地反抗撒旦"欲乐"的诱惑。英雄赫拉克勒斯反抗"甜蜜诱惑"的同时，发誓坚守忠诚的品德。

欲乐：

睡吧，我最亲爱的唯一，享受你的休憩吧，

跟随激情的诱惑！

品尝酥胸的情味

感受无边际的释放！

---

1 意大利等国家的剧作家于 17 世纪末至 19 世纪中叶使用的一个概念，是为植入音乐之中而创作的诗剧，换言之，就是歌剧的剧本。现在一般称为 melodrama。"情节剧"是与"音乐剧"不同的概念。

······

赫拉克勒斯：

我不要听你说，不想认识你，

堕落的欲乐，我不认识你。

因为那些蛇，

想摇摆着抓住我，

我早就把它们撕成了碎片。

亲爱的德行（Tugend），你独自一人

应该是我

不变的向导。

　　后来，巴赫偏偏就在圣诞清唱剧中，让这首关于撒旦之欲乐的咏叹调作为催眠曲为耶稣再次重现。巴赫滑稽的模仿性改编是以另一首歌词为基础来谱的曲。如此产生的《摇篮曲》（*Lied zur Ruhe*），展现的不再是耶稣为了人的德行或救赎而拒绝撒旦的欲乐。

其侧重的是那种甜蜜的乐趣，让孩子无法抗拒，沉醉
其中：

> 去吧，牧羊人，到那里去，
>
> 你们会见证这个奇迹；
>
> 当你们看到上帝之子
>
> 躺在坚硬的马槽里，
>
> 要在他的摇篮旁
>
> 用甜美的声音歌唱，
>
> 你们要齐声唱
>
> 这支摇篮曲！
>
>
> 睡吧，我的宝贝，香甜地睡吧，
>
> 明天醒来你会精神十足。
>
> 吮胸乳育，
>
> 感受心趣，
>
> 我们在那里满心欢喜！

　　巴赫的模仿性改编至少在音乐层面上将上帝与欲乐完全融合在一起。向上帝提出的要求已经是非同寻常的了："吮胸乳育，感受心趣。"这里仍然显示出最初的那首表达无拘无束的欲乐的咏叹调："品尝酥胸的情味，感受无边际的释放！"巴赫无意中用其模仿性改编将欲乐嵌入救赎与受难的故事中。即使《马太受难曲》也不是以难忍的痛苦结尾的，而是以一首甜美的歌曲作为结尾。经历一切苦难后，耶稣"快乐"安详地睡去。副歌"我的耶稣，晚安！"使《马太受难曲》结尾部分听起来就像摇篮曲，像欢迎另一个时代，欢迎不再需要救赎的此在的离别之歌：

　　　　我的耶稣，晚安！

　　　　……

　　　　我的耶稣，晚安！

　　　　……

　　　　静静地睡吧，好好地安息！

睡吧，你太过劳累的身体，

你的墓穴与石碑

将为这不安的良心

化作舒适的枕头，

化作灵魂的安息之所。

我们无比幸福地在那里安睡。[34]

蝶 梦

有时候，一些节奏特别慢的曲目，

于我而言，就好像在打游戏。

我迷失在莫扎特中，心儿蹦蹦跳跳，

就好像在跳皮筋，在柴可夫斯基的音乐中，

我找到了把球射进对方球门般的激情。

——郎朗

在《旅行心影录》（*Reisebilder*）中，海涅不遗余力地赞扬了罗西尼（Rossini）的音乐。他赞其金子般的嗓音、美妙的旋律之光，还有那熠熠生辉、绕

耳不绝的蝴蝶之梦。[35] 他的心就像被"美惠三女神
的唇"亲吻。海涅称罗西尼是意大利的圣主（divino
Maestro）或者太阳神（Helios）。他让自己"音乐的
光芒"普照这个世界。他如此轻盈地展翅起舞，带着
上帝的灵性。海涅恳求罗西尼原谅那些可怜的、对他
的深邃视而不见的同胞，因为他们只看到了深邃之外
的瑰丽外表。海涅觉得，地狱中，他们无法逃脱该当
的惩罚，并且会被诅咒，只能永远地听着巴赫的赋格
曲，别无其他。

众所周知，罗西尼并非总是受到如此狂热的赞
扬。很多人觉得他就是消遣性艺术和娱乐的代名词。
例如，罗伯特·舒曼（Robert Schumann）称罗西尼为
"装饰画家"，其旋律上的华丽和装饰只是为了达到
感性享受以及空洞、不真实的感官陶醉的目的。因此，
他的音乐就是稍纵即逝的蝴蝶梦，是美丽的表象，这
种表象若失去戏剧的那种"诱惑性的谜之距离感"[36]，
就会完全瓦解。罗西尼的乐曲就像装饰华丽的画框，

却缺少一幅可以表达思想和见解的图画。E.T.A.霍夫曼（E. T. A. Hoffmann）[1]甚至评论说，罗西尼的音乐是"艺术享受者们""舒舒服服、咕咚咕咚喝下去"的"香甜的罗西尼式汽水"[37]。罗西尼的甜汽水与"伟大的戏剧作曲家们的烈性、浓郁、强劲的酒"截然相反。霍夫曼认为，那个"轻浮的，因此也不配称其艺术为真正艺术"的罗西尼，沉溺于"时尚的大众口味"。霍夫曼自问："怎么……会这样呢，那种堕落的品位竟然在艺术方面崇尚真实与庄重的德国也获得了形形色色的追随者？"

　19世纪的音乐评论以严肃和娱乐的二分法（Dichotomie）为主导思想。温特（Wendt）在罗西尼的传记（1824）中写道："他首先满足了耳朵的享受，创作了甜美动听的歌曲……为此，他的目标始终是拥有大批观众，而不是众人的批评；效果就是他的信

1　德国短篇故事作者、小说家、作曲家。

仰，这条收获名誉的道路越好走，他就越勤奋、越轻率地，不顾严肃的艺术实践地继续走下去。"[38] 因此，罗西尼的音乐就是一种满足大众欣赏品位的流行乐。

就连瓦格纳也将罗西尼音乐微不足道的价值归因于与观众的亲近。[39] 瓦格纳认为，"好"的标志在于，它为自己而存在，无需观众。在"天才作品"中实现的那种"形式上纯粹的好"，不会迎合"娱乐的需要"。然而，"艺术中的劣"却只符合"讨好"的意图。瓦格纳在其艺术理论中构建了二元对立法（dichotome Spannung），它使一直相对存在的差异绝对化或者等级化，使其成为不可调和的、道德上的对立。瓦格纳就是这样将"艺术中的好"冠名为"道德上的善"[40]。严苛的二分法准则带来了深刻的影响，放弃这一准则就会使艺术失去光环。

过于享受极尽诱惑的旋律，便会诱发"厌恶"情绪。它们会"突然变得令人难以忍受"，而且看起来"可笑"至极。[41] 难道贝多芬那"经历挫折后悲痛的、

望眼欲穿的、勇敢面对死亡的眼神"所折射出的"巨
大光芒",现在看来就不可笑、不奇怪吗? [42]

　　瓦格纳对音乐的定位更接近文学作品。它由"诗
人的思想"孕育而生。真正的旋律充满了话语与寓意。
音乐首先是种表达。因此,贝多芬俯身"投入诗人的
怀抱","以创造出真正毋庸置疑符合现实、令人获
得拯救的旋律"[43]。相反,当音乐没有了阐述性,没
有了诗性的话语,甚至连受难性也荡然无存时,这种
音乐便会引发"厌恶"的情绪。

　　因为叔本华对罗西尼的音乐极其狂热,便产生了
音乐方面另一种不同的观点。在《作为意志和表象的
世界》(*Die Welt als Wille und Vorstellung*)中,叔本华
写道:"如果音乐过于迁就唱词,过于按照既定的程
式去创作,那么音乐就是在勉强说一种不属于它的语
言。没有人比罗西尼更能够保持自己的纯洁而不为这
种缺点所沾染的了;所以他的音乐是那么清晰、纯洁
地说着音乐自己的语言,根本无需唱词,单由乐器演

奏也能展现出完整的效果。"[44]一位同时代的意大利人也评价说，罗西尼将音乐从表达和思想的禁锢中解放出来。因此，与那些从"第一个到最后一个音符都无比忙乱"的音乐相比，与那些只是为唱词"戴上套具""观念和调谐"外壳的音乐相比，与"在鼓膜上相互攻击"的音乐相比，罗西尼的音乐更加自由。[45]因此，有这样一首具有讽刺意味的短诗：

就是这句话，好好想一想：
呼喊才是一切，颂唱微不足道。[46]

若不将音乐理解成受难和表达的话，那么罗西尼的歌曲要比那些"谓之歌曲，实为断断续续的歌唱意图"更加朗朗上口。[47]贝多芬的《菲岱里奥》（Fidelio）因为缺少清唱而不能称其为歌剧，而是"配乐朗诵"。"这种充满撞击、跳跃和情绪的音乐，这种沉迷于跌宕起伏的激情之中的音乐，无法成为克制、凝练的颂歌。"看来，罗西尼的微笑也有自己的光芒，这光芒与贝多芬折射出悲伤的眼神同样有价值。不论是痛苦狰狞的表情，还是灿烂爽朗的微笑都可以表达深意，只不过是一种不会立刻为人察觉的深意，因为正如海涅所说，这深意之外覆盖了玫瑰的表象。

罗西尼与"为征服世界"而死于"敌人"，即"无法战胜的自然"之手的悲剧英雄截然不同。与其相反，罗西尼征服了世界，并且是以完全不同的方式。他的威力就是"娱乐"，即"旋律的魔力"，这种魔力以讨得欢心的方式实现支配控制的目的。娱乐的力量远大于强制的力量："他，放飞天赋，力争上游，却对自己具有一种巨大的征服力毫不自知。只有俄耳甫斯（Orpheus）寓言中的征服力才能与之相提并论。他的帮手是消遣娱乐，他的同盟是天性。"[48]

因为没有绑架思想、见解和言语，罗西尼的音乐才是自由的。这也应了德国歌唱家们的那句话："德语本身很难，不可能迅速清晰地把词句吐出和呼唱出来。什么？言语？效果！效果！"[49]不像那种丰富多彩、自娱自乐的华丽乐曲，罗西尼的音乐旋律常常并无所指；因为这种与思想或观念的毫无关联，康德称罗西尼的音乐是"自由的美"。罗西尼的音乐那么有神的灵性，因为它不会为了矫揉造作而冗长到可怕的地步。这种音乐也是尼采所排斥的。很明显，他的音乐具有那种无欲无求、无需拯救的声音。

他的音乐不去表达特定的内容，因此这些音乐似乎可以在世界范围内发挥影响力。他的音乐通俗广博。

语言若彼此陌生，风俗也就各不相同
……
印第安人、墨西哥人，或许就连霍屯督人和休伦人
都会感动于罗西尼那具有魔力的、令人肃然起敬的歌声？这是一种怎样的

新的力量？悦耳的声音从何沁入人的心灵？[50]

黑格尔也着迷于罗西尼音乐的魔力。他在维也纳第二次听罗西尼的《塞维利亚的理发师》（*Der Barbier von Sevilla*）之后激动地致信妻子："这精彩绝伦、不可抗拒的到底是什么，以至于无法让人从维也纳离开。"[51] 黑格尔与批评罗西尼的人不同，他站到了赞扬罗西尼的队伍里："批评者们首先诋毁罗西尼的音乐是空洞的，是对耳朵的刺激；然而，若无忧无虑地进入音乐的旋律，会发现它是极富情感、充满才智、对心灵和情绪都很有冲击力的音乐。"[52]

黑格尔以往的艺术观使得他对罗西尼的热情看起来并不是自然而然、理所应当的，因为根据黑格尔的艺术观，那种只是为了"消遣娱乐"的艺术并不是"独立自由的而是屈从的艺术"[53]。相反，"自由的艺术"不是为了消遣娱乐，而是为了追求真理。作为艺术主体的黑格尔所称之"精神"（Geist），其本身就是劳苦和受难（Arbeit und Passion）。关于真理和精神的本质，解释了艺术和哲学之间的亲密关系："只有靠这种自由性，美的艺术才成为真正的艺术，只有在它和宗教与哲学处在同一境界，成为认识和表现神圣性、人类最深刻的旨趣以及心灵最深广的真理的方式和手段时，艺术才算尽到了它的最高职责。"[54]

黑格尔关注到"我们当下"的特点，"普遍来看，现在对艺术来说是不利的"。黑格尔认为，我们今天的生活遵循的是普遍模式，无法具有艺术特点，也就是无法追求感性。然而，艺术中普遍性太少，感性太多，因此，"对于我们来说，艺术已经是过去的现象"。鉴于当下的精神状态，艺术并不是合适的传播真理的媒介。黑格尔总结，"思想"和"反省"已经"胜过"了美的艺术。[55]精神上受难和受苦的领域，已然从艺术转向可以获得更多认知和真理的哲学与科学。艺术似乎无法有效地发挥其功能，抑或艺术的产品已不再符合新的真理标准。

　　艺术让位于科学与哲学。它仿佛被免去了为真理服务的使命。基督受难的精神退去，艺术或者成为"纯粹享受的事物"[56]，或者成为科学观察的对象。正是因为艺术失去了基督受难的宗教意义，黑格尔才能无忧无虑地为罗西尼的音乐而疯狂。他会片刻地忘却对真理的苦痛，这是思考的受难。他塑造了一种全新的受难，一种对美的激情，这种美因为无须被迫去追求感性和真理，无须去完成基督受难的使命而令人感到幸福。黑格尔在布拉格给妻子写信："我享受着如此多的美，生活在一种乌托邦中。"[57] 乌托邦不是在科学和认知下形成的，而是在漫无目的中形成的。

　　"乌托邦"不属于黑格尔的哲学词汇。他只在一处说过"哲学乌托邦的理想"。与此同时，他针对"原始保留"的想法进行了批评，认为这种"坐而论道，是只需张张嘴就能进行的思考，完全是在享受思维的被动性"[58]。思考对于黑格尔来说就是劳苦与受难。认知产生于"行动"。这种认知不是"善恶树"（der

Baum der Erkenntnis）上掉落的奇异"果实"，也不是"自己咀嚼消化"而得。

黑格尔觉得，被美包围着，就是生活在乌托邦。乌托邦是绝对的享乐。纯粹的幸福只存在于无需劳苦的地方。罗西尼那"无欲无求的音乐旋律"令黑格尔振奋、幸福，令他感受到乌托邦的氛围。"神的狂怒"是"旋律的湍流"。身处任何境地，都能获得幸福和自由。[59]罗西尼的神与黑格尔的神并无同族的相似之处。神，是不在乎真理、不在乎话语的娱乐之神。所以有人说，效果就是他的上帝。娱乐的神与受难的神、追求纯粹效果的神与追求纯粹真理的神、追求纯粹旋律的神与追求词句话语的神，纯粹的内在性（Immanenz）和纯粹的超越性（Transzendenz）都是彼此相邻的。

尼采认为，希腊人似乎对话语（Wort）有一种特殊的偏爱。他们甚至要求舞台上的激情（Leidenschaft）也能"倾诉"[60]。那种对话语的偏爱是"非自然"的，因为自然而然的激情是那么"不善言辞！"那么"缄默无言、无所适从！"这种"有违自然的做作"赐予希腊人强烈的满足感，"悲情英雄在生命即将走到尽头的时候，竟还要表达话语，阐述理由，做出意味深长的表情，总体上要尽显敏捷的智慧"。这种与"自然的偏离"，"对于人的傲慢而言却是一场盛宴"。

让人感到喜悦的不是缄默的情感，而是话语。艺术正是建立在"这种高尚的、英雄式的做作"的基础之上。这种做作用词句化解了那种严峻、费解的沉默时刻。这种话语的形成，导致了下面的结果："这违背自然！……希腊人在这条路上渐行渐远，远到可怕的地步！"因此，对于希腊人来说，"用情感来征服观众"并不重要。他们更喜欢将一切都化作理性与话语，对"任何沉默不语"都不会手下留情。激情和情感也因此被强行要求遵循"妙言准则"。好似戴着小丑面具却又端庄僵硬的希腊演员，就是如此映照出了这种"非自然的做作"。它用话语表达激情，用理由阐述深邃，用思想之光掩盖黑暗，用感官和释义填补概念的空洞。

这种与"自然的偏离"也表现在相反的方向上，即完全"蔑视话语的意义"。尼采认为，罗西尼也许只能"让人从头到尾唱啦——啦——啦——啦"。尼采在这"啦——啦——啦——啦"中、在这种音乐与自然的偏离中看到了理性，一种将存在（Sein）从劳苦与受难中解放出来的理性。尼采认为，"啦——啦——啦——啦"是歌剧的本质特点，也是音乐本身的特点："人们不会相信歌剧演员所唱的话语，而是相信他们所听到的声音！这就是差别，这就是美妙的非自然性，人们就是为了它才走进歌剧院。"相反，尼采批判严肃的歌剧缺乏勇气："那些急急忙忙补充上的几句话也许会对心不在焉的听众有所帮助；可总的来说，剧情还是需要通过自己的发展展现出来——这与言语无关！——他们所有人都这么想，却又偏偏用语言驱动他们的闹剧。也许他们只是缺乏勇气，去表达他们曾经对话语的蔑视。"对于尼采来说，就连干宣叙调（recitativo secco）也不是为了表达意义而堆砌起来的词句。确切地说，它是抛开旋律之外的宁静，这份宁静令人片刻之后便会重新燃起对整个"音乐和旋律的渴望"。使歌曲富有灵魂的不是话语而是音乐的旋律。或许所有的娱乐都会展现那种美妙的非天然性和奇妙的偏离自然，然而，这些却使人感到幸福和释然。

阿多诺在《明镜》周刊上刊登过一篇题为《地狱中的俄耳甫斯》（Orpheus in der Unterwelt）的文章，对天堂音乐（E-Musik）的畅销曲目进行了批判。他对天堂（E）与地狱（U）之间的差别所持有的执念看起来是不得已而为之的。E 是指天堂，U 是指地狱："根据既定标准，很多畅销曲目被划分到天堂（E）的类别，然而，从自身的特性来看，他们却属于地狱（U）类别，抑或至少是因为无数遍的重复而变旧变坏并且变得平庸；曾经的天堂也可能变成地狱。"[61] 阿多诺猜测，到处都是"乔装打扮的地狱音乐"。一切都只是"唧唧声""咿咿呀呀声"和"蹦蹦跳跳声"。人们只想从顾客那里听到盛赞和炫耀："最初的多样化概念似乎可以对人产生强烈的影响，就好像人们认为，在购买碟子的时候有权要求按颜色供货。"基督受难就没有多样性，没有浮夸和奢华。圣灰（Asche）的灰白就是它的颜色。天堂音乐则是蒙上黑纱后的颜色。

阿多诺甚至推测柴可夫斯基的音乐是地狱音乐。他的音乐将"天才与平庸融为一体"。令人印象深刻的是，他的音乐以其非凡的穿透力和因此必然具备的狂野个性，让人刻骨铭心。这种音乐效果的秘密在于那种心底深处的童真（Infantilität）。"对幸福急不可待的追求"涵养了他的音乐。他的音乐陶醉于成全，但却不会成全那种只在白日梦中品尝受难滋味的人。孩子对待幸福的态度恰恰如此。然而，真正的幸福不是唾手可得的。经历曲折才能实现幸福，它是对失败的纪念，是对未竟的渴望。柴可夫斯基的音乐并未表现出他对幸福的渴望的那种曲折坎坷（Gebrochenheit）。他所勾勒出的世界"不是理想化的，而是清楚存在的"。客观上，娱乐干了坏事。但当这种坏事降临到人们头上时，人在主观上还会很渴求。它就是一种不找一个替身就会被人拒绝的事物。他据此总结道："娱乐的世界是伪装成天堂的地狱。"

地狱音乐缺乏"伟大的基督受难精神"。因此，它所表现出的幸福是一种虚假的表象。单单这种曲折坎坷就足以赋予幸福以真实和确信。所以，只有像贝多芬那种经历过曲折坎坷的痛苦之人才有机会获得真正的幸福。一切真正的天堂音乐都是特殊意义上的基督受难音乐。事实上，阿多诺称贝多芬的音乐是那些"伪装的地狱音乐"中的"核心内容"（pièce de résistance）。

如童真般的，不仅仅是柴可夫斯基对幸福的迫不及待的渴望，还有阿多诺那种与日俱增、近乎受难的

执拗的否定。他的曲折坎坷同时也是一种障碍，一种
生活的无力。因为色盲，他只能看到灰色。只能通过
曲折性才能表达出来的幸福，本身就是一种表象。每
种幸福都是如此。

那种最贴近纯真幸福的最美妙的音乐，也许只会
在地狱中响起。众所周知，俄耳甫斯（Orpheus）[1]的
歌声会立刻让人不再感到痛苦。坦塔罗斯（Tantalus）[2]
不再去捞取逆他而去的流水。伊克西翁（Ixion）[3]的轮
子也奇迹般的停止转动。群鹰也不再啄食提堤俄斯

1　古希腊著名诗人与歌手。

2　希腊神话中主神宙斯之子，其得众神宠爱而变得骄傲自大，侮辱众神
　　因而被打入地狱，永远受着有水喝不到的折磨。后以其名喻指受折磨
　　的人，以"坦塔罗斯的苦恼"喻指能够看到目标却永远达不到目标的
　　痛苦。

3　原是特萨利国王。他先是追求邻邦的公主而设计害死其国王狄奥尼斯，
　　逃到宙斯那里后又追求宙斯的妻子、天后赫拉。宙斯愤怒至极，将他
　　罚入地狱，绑在一个永远燃烧和转动的火轮上。

（Tityus）[1] 的肝脏。柏罗斯（Belus）[2] 的孙女们可以将水壶丢下不管。西绪弗斯（Sisyphus）[3] 会安静地坐在他的石头上。劳苦消失了。空气因受难而变得干净。欧律狄刻（Eurydike）[4] 能离开地狱或许是神对俄耳甫斯在地狱中的歌唱所给予的奖赏。

1　希腊神话中的巨人，因对暗夜女神勒托图谋不轨，而被她的两个孩子阿耳忒弥斯和阿波罗用弓箭射死。提堤俄斯在死后被打入冥界，两只巨鹰不停地啄食他的内脏。

2　埃及国王，生了一对孪生兄弟达那俄斯（Danaus）和埃古普托斯（Aegyptus），各娶了多位妻子，各生了 50 个儿女。埃古普托斯希望自己的 50 个儿子娶他兄弟的 50 个女儿，达那俄斯被迫同意，但却命令女儿们在新婚之夜杀死各自的丈夫。49 个女儿遵命而行，因犯罪恶，被罚日夜打水，而水缸永远不满。

3　希腊神话人物，触犯众神，被罚推巨石上山，但未到山顶就又滚下山去，于是他就不断重复、永无止境地做这件事——无效又无望。

4　俄耳甫斯的妻子。她被毒蛇夺去生命后，俄耳甫斯痛不欲生，在爱神的帮助下义无反顾前往冥府解救妻子，但在返回的路上俄耳甫斯抵御不住对妻子的思念，回头看了她一眼，导致她再次死去。

关于奢侈

丰余是一切美的前提。

——弗里德里希·尼采

瓦格纳在罗西尼的音乐中看到"奢享者"（Luxus-mensch）的理想典范。根据有关奢侈的理论，应受谴责的奢享者的基本特征是要么与天然异化，要么崇爱非天然。奢享者从鲜花中只提取芬芳，"人为地"制造"香水"，"这样就可以根据自己的意愿将其随身携带，浸润自己和自己华丽的行头"[62]。罗西尼的让人"似麻醉般陶醉的旋律"就如同香水那样非自然。

罗西尼创造了与"大众歌曲"或"大众花卉"[63]所具有的自然特质相异的"人造畸生物"。他是"一个技巧极其娴熟的人工花卉制造者，他用丝绒和绸缎塑造花朵，用以假乱真的颜色为其上色，用香水浸润干巴巴的花萼，从而让它散发花香，就像从真的花朵中散发出的香味一样"[64]。瓦格纳一再发誓以自然或天然性来反对"奢侈的非自然"[65]。瓦格纳认为，歌剧的观众是"大众中的非自然生长的畸形群体"，是啃食健康、滋补的"大众树木"（Volksbaum）之枝叶的毛虫，它最大限度地从中获取生命力量从而蜕变成一群欢快的、翩翩起舞的蝴蝶，振翅飞向短暂而奢侈的此在。[66]娱乐型音乐便是这般一闪而过，只是一种易逝的表象。"体现伟大的现代歌剧音乐"（die geile moderne Opernmusik）提供了基本需求（Notwendigkeit）之外的单纯娱乐，这种娱乐只是平复了一时兴起的欲望。[67]它源于人们对享受陶醉、享受肤浅的愉悦的渴望。

瓦格纳给自然加装了意识形态。那时他还没有意识到，文化的基础正是与自然的偏离和脱位；草地上的那些花朵，无论多么瑰丽华美，也不能被称为文化。就连大众花卉也不是天然的花卉。"天然的大众树木"本来就是个矛盾的修辞。"独独为了看一眼能使自己露出欢颜的花朵，就对径直穿过的枝叶熟视无睹，同样少了些文化的味道。"[68]然而，从花朵中，也就是特意从自然中提取芬芳就是一种文化行为了。对于与自然的脱位，即文化的抽象化能力，香水是很有说服力的例子。用丝绒和绸缎塑造而成并在香水中浸润过的花朵就是基于这种与自然的脱位偏离。因为不是源于自然，花朵不会凋零。奢侈不是精神的堕落，而是被增强的精神活力。它闪耀的光芒是死亡的对立面。奢侈延缓了原本自然事件的发生，那就是死亡。

尼采的那段箴言曾被引述来反对瓦格纳的观点。尼采认为，文化起源于"与自然的果断偏离"[69]。表演悲剧的狭窄舞台在尼采看来展现的就是与自然生存

状态的脱离。希腊悲剧令"自然中""沉默无声"的
激情变得口若悬河，并赋予它"巧舌如簧"的能力。
希腊悲剧中的面具也制造了非天然性。这些面具以一
种庄重的风格将自然的表情加以抽象。无法表现出来
的表情变化则通过将自然的"情感"转变成一个角色，
一个能言善辩的角色，并赋予其语言和空间的方式来
展现。这是一个提炼与浓缩的过程，是从自然花朵中
提炼香水的独特过程。

　　罗西尼与自然的偏离则是在相反的方向上进行
的。在此，绝对（radikal）这个词不被提起。我们都
知道，那种绝对的旋律，即"啦——啦——啦"就是
源于对"这个词的绝对蔑视"。这些都以与不善言表
的自然而然的激情相偏离为前提。与自然脱位的不仅
有非自然的饱满，还有非自然的虚空。这一定就是令
黑格尔在观赏罗西尼的歌剧时心醉神迷的"美妙的非
自然性"。对黑格尔来说，罗西尼的歌剧是完全的娱
乐享受，令他相信自己就生活在乌托邦的娱乐享受。

就"美妙的非自然性"而言，在"坐享奢华欣然笑纳"的罗西尼与"畏惧世界、自我逃避且快快不乐的"贝多芬之间并不存在某种根本性区别。[70] 二人皆以美丽的显现而闻名，这种显现的光芒始终源于与自然的脱离。

艺术以脱离基本需求为前提。利用好困境（Not），绝非艺术的意向性。它还有种种不同的需要。瓦格纳居然将艺术与困境联系在一起。其艺术的主体是人民，是"感知群体性困境"的"人民的总和"。[71] 艺术是以这种共同的困境为基础而形成的。它就像大家共同的生计所需。与在困境中寻找满足（Not-Wendigkeit）不同的一切都是奢侈和腐朽。人民的需求之所以得以满足，是因为他们的需求如同寻常的"饥饿"一样，只是自然的需求。只要"填饱肚子"，这种需求就不复存在。然而，奢侈并非建立在自然需求和困境的基础之上。它源于一种胡乱生长的"虚妄"（Einbildung）。[72] 因此，它并不是对困境的利用（notwendend），即并不是在困境中寻求满足（not-wendig）。相反，它受控于非自然的需求，受控于"强烈的超乎需求的需求"，相比于"真实的、感官的饥饿"，这种需求永远都不得满足。[73]

瓦格纳一再地表现出对困境的渴求。这种困境对他来说是可以像驱"鬼"一样将奢侈赶走的灵丹妙药："困境会成为奢侈地狱的尽头，它将教导那些遭受折磨、生无所恋、把奢侈地狱锁在自己身上的灵魂，学会感受饥渴这种人的纯粹感官上的简单质朴的需求；它会让我们去关注营养丰富的面包，清透甘甜的自然之水，我们将共同去真实地享受，共同成为真正的人。我们将共同建立起神圣的贫困联盟，为此联盟封箴的兄弟之吻将成为大家共同的未来艺术品。"[74]"饥渴这种人的纯粹感官上的简单质朴的需求"事实上是纯粹动物性的需求。真正的人的需求从来都不是简单质朴的。它其实是非自然的"超乎需求的需求"（Bedürfnis ohne Bedürfnis）。人们可以尽情地享乐是因为抛却了对自然的追求（Entnaturierung）。
然而，满足单纯的自然需求，没能超出满足生存必需
的范围。此外，填饱肚子并不需要语言和辩才，而
这些正是文化或艺术所离不开的。灵魂只有在丰余
（Überfluss）中才会盛放。艺术不会源自"面包"和
"水"，不论这水有多么"甘甜"。艺术的形成需要
的是超越基本需求之外的更多的需求。瓦格纳还没有
完全下定决心放弃充盈（Üppigkeit）。因为，人的"必
要需求"需要靠自然的繁茂过剩来得以满足。[75] 非自
然的"奢侈"与自然的"繁茂过剩"之间到底有多
大的差别呢？

　　瓦格纳为何如此美化饥饿和干渴？很显然，他
是在抵抗自身存在的、能强烈觉察出来的、对奢享的
偏爱。尼采一定是深入瓦格纳的内心看到了他的灵
魂。他在瓦格纳的内心深处看到了一个乐享奢侈的人：
"他内心有一种对奢侈和荣光（Glanz）的激情般的渴
望；正因如此，他才能理解和批判这种内心最深处的

本能。"[76] 瓦格纳的艺术一定不是源于"自然"的需求，而是源于"荣光的激情般的渴望"，源于"从虚妄中产生的超乎需求的需求"。没有虚妄的充盈的愿景，就只会存在对生计的必要需求。每一缕荣光，每一种美好，都源自这种生计所需。

在彻底与瓦格纳分道扬镳之后，尼采将奢侈完全升格为基础性和自然性："奢侈——喜好奢侈源自人的内心，它不小心暴露出，灵魂最爱在宽裕和无度的水中游荡。"[77] 在困境或基本需求中，人的灵魂不会盛放。灵魂盛放需要的基础和空间是充盈的荣光。奢侈是无须点亮、无须指明的荣光。它是自由、无企图、只为荣光而荣光。奢侈的荣光挥洒在一个特殊的表层，这个表层是由深意的表象释放出来的，也因此在美丽的虚空（Grund-losigkeit）中闪耀着光芒。

尼采认为奢侈和认知之间存在着根本性的差别。奢侈对于"认知者（der Mann der Erkenntnis）而言是可耻的"，因为奢侈"表现的是有别于质朴和无

畏的另一种生命"。奢侈具有不同的意向性（Inten-
tionalität）、不同的时间性（Zeitlichkeit）。奢享者不
相信基督受难和认知上的英雄主义（Heroismus der
Erkenntnis）。对于奢享者来说，屈服于当下的幸福是
尤为重要的。奢侈品是"眼睛和耳朵看到和听到的、
让人觉得舒适的过剩和过度的物品"[78]。因此，奢享
者和认知者之间并无存在之反差（Seinsgefälle）。

　　仔细观察，我们会发现，奢侈对认知是无害
的。认知本身以思维能力为前提，它从事物中去摘
取细微的相似性（Ähnlichkeiten）或差异性（Unähn-
lichkeiten）。康德称其为"敏锐性"（Scharfsinnigkeit,
acumen）。并将"细腻"（Subtilität）归因于这种分辨
差异性的能力。在洞察力方面，敏锐性提高了"准确
度"（Genauigkeit, *cognitio exacta*）。然而，精确是"智
者的财富"，也促成了机智（Witz）。有趣的是，康
德将敏锐视为"智者的奢侈品"（Luxus der Köpfe）。
因为，敏锐性不属于专注于"基本需求的""普通和

健康的头脑"。感觉细腻（Feinsinnigkeit）不是产生于基本需求。相反，它的形成要以脱离基本需求为前提。默观（contemplatio）和理论（theoria）或许都不是因困境或基本需求而形成。它们都是"一种智者的奢侈品"。康德认为，机智就好似自然界里开的花。"自然界中开花易如游戏，而花开后要结出果实，则需要像做生意一样认真对待。"如此看来，就连自然都不是困境与基本需求组成。与自然的充分脱离，花朵在色彩和形态上的超出必要，都是做好这笔"生意"的前提。思考也只有站在这种"生意"一侧才能大放异彩。因此，认知将是这盛开的思想的果实，仅仅靠困境和劳苦是无法形成思想的。

每一个存在（Sein）的荣光闪耀都源于与自然的脱离（Luxieren）。对这种荣光的偏好构成了精神本身。那些与自然没有偏离的地方，一切都是死的。一切都僵化成毫无生气的状态。偏离发生在不同的方向上。因此，不仅有充盈的荣光，也有虚空的荣光。即使禁

欲（Askese）也不是简单的放弃和剥夺。相反，它沉
迷于极度的虚空。在这一点上，奢侈涉及禁欲，因为
禁欲就是虚空的奢享。

本是认知者的阿多诺，令人感到意外地抱怨奢享
消失了。那些迂回的、不羁的、放纵的或无忧无虑却
琐碎的事物逐渐消失，取而代之的是直接的、有的放
矢的事物："冲破束缚的技术消除了奢繁的享受……
两天三夜便可疾驰横穿欧洲大陆的快速列车是一个奇
迹，然而这种快速列车并没有承袭蓝色列车[1]已然褪色
的光芒。从敞开窗挥手告别开始，无论是热情的服务
员的关照，仪式般的餐饮礼仪，还是持续被优待的感
觉，没有人会被遗漏些什么，这一切都构成了旅行的
欲乐。然而，这些乐趣，连同启程前在站台散步的习
惯，以及即使在最高档的酒店里也找不到的优雅的人
一起消失了。"[79] 对于阿多诺而言，奢侈表达了一种

---

1 法国 1922 年开通的一列豪华卧铺列车，是里维埃拉度假胜地的一道著
   名风景线，反映出当时上流社会的休闲生活风貌。

纯粹的幸福。它对艺术有决定性的意义。因此，生命并不是通过实际性和目的合理性来实现的。真正的幸福来自放纵、发泄、奢侈、无厘头（das Sinn-lose），也就是与基本需求相脱离。它是使生命免于被强制的那种溢满、盈余。随性或无忧无虑也是娱乐的基本元素，是娱乐的乌托邦。它们构成了"纯粹的娱乐"的内容。这些都是奢侈的表现形式，是与劳苦和基本需求的脱离，是对艺术的趋近："娱乐，完全的释放，并非只与艺术对立，而是艺术所触及的另一个极限。"[80]

解　悟

真正的诗之所以成为真正的诗，

是因为它像现世的福音那样，

借其内涵的明朗，外表的舒畅，

使我们得以摆脱

压在肩上的尘世重负。

——约翰·沃尔夫冈·歌德

（Johann Wolfgang Goethe）

严格区别于单纯娱乐艺术的真正艺术或严肃艺术，其形成伴随着不同的二分应力关系，例如，理智、精神之于感性，又如超越性之于内在性。[81] 二分法是典型的西方思维方式。相反，东亚的思维方式则遵循互补的原则。支配存在的，不是刚性的对立，而是相互依存，彼此协调。因此，东亚没有出现那种精神之于感性的二分法，只有低等的思想、仅仅满足感官需求的艺术才建立在这种二分法的基础上。艺术自治的思想或真理和艺术的密切交合（Engführung）对东亚文化而言亦颇生疏。真理未经受难，则要忍受现实中存在的谬误所带来的痛苦，东亚的艺术就是没有被真理受难主导的艺术。这种艺术无法输出与必须被否定的现实世界相对立的乌托邦。东亚艺术是没有否定性的。相反，它首先是具有肯定性和娱乐性的事物。

日本短诗，也叫俳句，外文名为 Haiku，在西方几乎仅仅因为其禅宗佛教精神而被知悉。[82] 一句著名的俗语说，"俳句"是"一种解悟"[83]。俳句表达了一种启迪或救赎。罗兰·巴特（Roland Barthes）认为，俳句遵循的是一种特别的形而上学："俳句……遵循没有主题及元神的形而上学，类似于佛教的无（Mu）或禅宗的悟（Satori）。"[84] 在巴特看来，俳句是一种语言的冒险，它"触及语言最外层的、近乎……带着冒险光彩的边缘"[85]。这使语言获得救赎，摆脱了表意的强制。

冬天的风刮过来。

猫的眼睛

眨了一眨。[86]

巴特认为，俳句"只"（原文如此！）是禅宗精神冒险的"文学分支"。禅宗是"一种用来终止语言，切断我们那种即便熟睡时也不停止在内心发射信号的无线电话的强有力方法……如此便可以清空灵魂中那无法克制的喋喋不休，使其干涸并缄默"[87]。

巴特似乎忽略了一点，那就是俳句不但没有终止语言，反而以自己的方式表现出真正啰嗦和娱乐的效果。

良月若

安柄，

绝似佳团扇！ [88]

今晨水滴

从冰柱滴落，哎，

牛年的涎液。[89]

在日本，俳句不常与那种严肃的、思想性的行为
联系在一起，以终结思想的喋喋不休。在西方，人们
接受俳句的同时并不知晓，俳句首先是一种游戏和娱
乐，它没有隐退到感官的沙漠里去，而是绽放着诙谐
与幽默的光彩。

字面上，俳句有诙谐诗（Scherz-Gedicht）的意思。
最初它是俳谐（Haikai-Renga）连歌（Kettengedicht）
的十七音发句（Hokku）。俳谐同样也有诙谐的意思。
这种连歌的内容风趣、幽默，偶尔也会庸俗。因此，

俳谐的首要目的是消遣和娱乐。在此，作诗不是孤独的，而是一种要去共同进行的娱乐行为。它不在唯我独尊的空间里进行。值得一提的是，俳谐—诗人这个组合叫作 Kôgyô，字面意思为消遣娱乐。交际性、冲动性（Spontaneität），以及连歌典型的穿插性特征，都不允许诗义内涵的存在。美妙的突发奇想或幽默的上下文连接都是具有娱乐性的。思想的深度在简洁性和冲动性面前本来就不可能实现。作诗是社会和语言的游戏。即使俳句诗也经常是众人共同完成的。[90] 这种文学作品不适合用来表达一个孤独灵魂的受难。对于受难故事而言，这种题材过于简短。

一人

一蝇

一屋

——小林一茶（Issa）

受难或者强调真理，并非让美学表达形式精美化的前提。游戏与娱乐不会必然导致美学上的平庸或贫瘠。没有游戏和娱乐的感官，我们可能永远不会读到俳句。俳句既非关乎灵魂的受难，也非关乎消除受难的冒险。确切地说，俳句是一种娱乐性的游戏，而不是精神或语言上的冒险。

在日本，作诗主要是逗乐与消遣的社会和语言的游戏。因此，它基本不去表达矫揉造作的激情或灵魂的受难。很多诗歌只在赛诗的时候才会产生。此外，作诗并不专属于精英阶层。相反，它被普及于广大民众之中。美学表达方式的普及也有助于日常生活及其相关事物的美学化。[91] 更多的娱乐和游戏并不当然意味着审美品质的降低。恰恰是对娱乐或游戏的否定才有可能导致美学不再向前发展。

毫无疑问，孔子的道德学说也对东亚艺术产生了影响。[92] 然而，东亚艺术并未被包上意识形态的外壳。一般而言，它不会随批判的、颠覆性的或完全对立的因素而变化。[93]先锋派的否定论思想对东亚艺术来说根本格格不入。与现有的艺术形式相比，东亚艺术一般表现得比西方艺术更积极、肯定。受难不是它的基本特征。艺术不会进行否定，不会号召欣赏艺术的人去改变当下。此外，由于东亚思想不以二分法结构（如精神之于感性）为基础，所以也不会出现那种崇高的和解观念。艺术不反对异化的现实，不体现自己从遭受谬误或者异化折磨的世界中提炼出的突出的差异性。审美的距离感不会把艺术提升到高雅的存在领域（Seinssphäre）。

艺术在德语文化区，尤其遵循呆板的二分法。天堂（E）与地狱（U）的严格区分正是以精神之于感性这种二分法为基础。席勒（Schiller）认为，"所有未与精神对话，只激发感官兴趣的东西，都登不上大雅之堂"[94]。贝多芬那"经历挫折后悲痛的、望眼欲穿的、勇敢面对死亡的眼神"所折射出的"巨大光芒"[95]，代表了德意志精神的原则——受难原则。东亚艺术所缺乏的恰恰是那种"可怕光芒"。它无欲无求、坦坦荡荡。

众所周知，日本木版画浮世绘（Ukiyo-e）深深地吸引着一众欧洲现代派画家。就连塞尚（Cézanne）和凡·高（Van Gogh）也不例外。然而，浮世绘绝不是天堂艺术。确切地说，它是一种描绘日常普通生活的艺术，与江户时代繁荣发展的娱乐行业紧密相连。浮世绘中最喜爱的题材是江户时代的吉原（Edo Yoshiwara）欢愉乡，例如游女美人、杂耍演员、茶馆、歌舞伎剧场和演员。就连浮世绘也是欢愉乡的组成部分，由于备受推崇，得以大量创作。艺者绘（Schauspielerportrait）的销量更是惊人。浮世绘的画家也创作情色作品，这些作品偶尔以怪诞的、夸张的尺度来表现性器官。[96] 此外，浮世绘所表现的内容常常带有诙谐幽默的风格。浮世绘是一种用来娱乐的大众文化。

东亚艺术并未将自己定位于市井生活的对立面。

它不居于特殊的存在领域，也并非通往超越的出口。确切地说，它是一种内在性艺术。浮世绘也完全肯定了尘垢秕糠、倏忽之间的世事。它没有被赋予渴望深邃、真理或意义的灵魂。其明快的色调和清晰的轮廓也不可能表达深邃。浮世绘让其光彩夺目的一面闪耀于表层，是一种点亮内在性的艺术。审视的目光只会停留在多彩的表层，别无他求。这种审视从来不与诠释内涵相关联，也不会将自己引向深入。很明显，浮世绘作品表现出来的效果与俳句一般无二。它们身上都不存在什么看似隐藏起来的东西，都充斥着一种特别的明证性（Evidenz）。观赏者的目光不会被密释学（Hermetik）或者诠释学（Hermeneutik）所牵绊。浮世绘这个名字就已指明了它的肯定性。浮世绘字面意思为"浮世（ukiyo）之画（e）"[97]，它完全沉迷于倏忽世界中多姿多彩的情境。浮世绘不受现世与现时的排斥。它是一种描绘此地、此刻（Hier und Jetzt）的艺术，这种艺术，即使昙花一现，也应该被认可。也许被认可的，恰恰就是这种昙花一现。就其内在，浮世绘刻画的就是一种瞬间。那种着重强调的别处（Dort）并不属于东亚或日本的表象世界（Vorstellungswelt）。俳句也是完全针对此地、此刻所进行的创作。对于别处并无所指。俳句不再现过往或隐喻（Verborgenes）。它就是一种身临其境（ganz da），没有隐喻，没有深意。俳句的表面和浮世绘一样看起来是色调明快的。东亚艺术的友好性（Freundlichkeit）正存在于这种色调中。

无论是十分偏爱装饰功能的宫廷绘画艺术家，还是描绘花街柳巷的浮世绘艺术家，可能都会认为凡·高的这句话莫名其妙："几百年后，活着会变得完全无用，一切都将变得肤浅。"[98]凡·高干脆用下面的话结束了一段谈话："——生命是可怕的！就好像一场随着夜幕降临的入夜祷告，我听到他喃喃地做着别样的祈祷：——我要画着死去——在画画的时候死去。"[99]凡·高的受难是一个典型的欧洲现象。

他将艺术理解成一种"要做纯粹之人"的"僧侣精
神"[100]。艺术是受难。为达到更高级的存在状态而去
遭受痛苦是它的前提。东亚艺术则没有这种受难的精
神和渴望。与浮世绘密切相连的歌舞伎表演所肯定的
也是生活的短暂易逝。歌舞伎本意即是"逍遥自在"
（Leichtlebigkeit）。[101]

　　施蒂弗特（Stifter）在《彩石集》（Bunte Steine）
的序言中写道："曾有人反对我说，我塑造的都是小
事，我笔下的人物始终是普通人。如果事实如此，如
今我还能够给读者提供更渺小、更无关紧要的故事，
即心态年轻的人喜欢的形色各异、并无异议的琐事。
在这些小事中甚至不会像惯常的那样进行德行与伦
理（Tugend und Sitte）的说教，而只是通过它们本来
应有的样子产生影响。"[102] 然而，施蒂弗特认为，艺
术是"高级和庄严的"。诗人是"地位更高的教士"。
他并不妄称自己的著作为艺术。他无意"塑造伟大
或渺小"。施蒂弗特因此将自己的写作置于"诗学"

（Dichtung）之外："尽管不是每一句说出的话都可以是文学创作，但也可以是并不缺乏全部此在合理性的事物。我的著作想要并且一直要为志趣相投的朋友创造愉快的时刻，向所有认识和不认识的人致以问候，为构建永恒奉献微小的善（ein Körnlein Gutes），并对此矢志不渝。"这种非同寻常的谦虚也许是战略上的隐退，却为施蒂弗特开辟了文学的天地，在此即使简单日常的"问候"也有自己的一席之地。文学完全为人们创造了"愉快的时刻"。写作并非在唯我的空间和孤独灵魂的内部空间里进行。确切地说，文学是交流（问候）、交际、游戏、愉悦和消遣。在"伟大抑或渺小"的这一侧，还有由日常和平凡组成的广阔天地，文学可以择而栖居。内在是他的居所。他的著作没有任何意识形态或道德的上层建筑，也许只能通过"它们原本存在的样子来产生效果"。严肃与娱乐或精神与感性这种刻板的对立束缚了文学的发展空间。日常艺术与受难艺术，即表现僧侣精神的艺术截然不同。对超越性的渴望消失时，内在性便获得特殊的光芒。它就成了整个世界。

不论东亚艺术还是东亚宗教，它们对现世都持肯定的态度。例如，道教规训人们抱朴守一。道教的无为（Nicht-Tun）是表达一种极端肯定的措辞，与受难之有为（Tun）相对。智者会任万物顺其自然。道家思想，即东亚思想的灵魂不逃避世界（Weltflucht）或否定世界（Weltverneinung），而是相信世界（Weltvertrauen）。这种对无为的倡导，是一种让一切自然而然发生的坦然，也是一种处世的泰然（Gelassenheit zur Welt），是一种与受难截然不同的意向。

"浮世"源自佛教想象中的世界。佛教想象中的世界如同梦境一般转瞬即逝。佛教术语"无"（Nichts）的意思是世上没有恒常、固定，一切都将灰飞烟灭。试图坚守或追求不变都是徒劳的。放弃受难和渴求才是得救的办法。尽管短暂易逝，也正因为如此，浮世绘还是表达了对世界的肯定。快乐（Vergnügen）蕴含了肯定。这种肯定形式有别于阿多诺文化批判中所说的对虚伪世界继续存在的赞同。阿多诺告诉大家："快乐（Vergnügtsein）意味着赞同。"[103]

对短暂性的肯定是东亚的特征。为永恒或终结所进行的受难对东亚来说是陌生的。中国著名诗人李白写道：

> 浮生如梦，
>
> 为欢几何？
>
> 古人秉烛夜游，
>
> 良有以也……[104]

禅宗，东亚佛教用语，是对另一种极端的宗教倡导。这个宗教没有受难，没有矫揉造作，没有欲求。"日日是好日"便是它简朴的救世用词。救赎就发生在日常，日常的此地、此刻，也就是这浮世，因为并没有另一个世界，没有世外，没有别处，没有超越。

试图冲破此地此刻是徒劳的。受难或渴望有何用？它
们都只是带来了痛苦而已。禅宗的日常与受难是相对
立的。

逃？我恐逃之不得。

大方之外皆充塞。

忙忙扰扰知何穷。

八面清风惹衣袖。[105]

基督教是期望与承诺的宗教，是别处与未来的宗
教，与其不同的是，禅宗是此地、此刻的宗教，它必
须完全停留在此地、此刻。禁欲并不是禅宗的理想目
标。"吃！"是禅宗大师云门（Yunmen）的著名格言。[106]
禅宗大师临济（Linji）的救赎方式是："饥来吃饭，困
来即眠，愚人笑我，智乃知焉。"[107] 在此所强调的日
常生存终结了受难的存在。禅宗的救赎，即解悟，正
存在于这种向日常的转变，存在于从各种形式的受难

向日常世界的转变。常表现为大笑的解悟，因为无欲无求，具有绝对内在性，而触及纯粹的娱乐。大笑驱走了所有形式的受难："据说，月山大师（Yüe-shan）有一夜登上山顶，看着月亮，突然开怀大笑。据传，他的笑声响彻三十公里之外。"[108]

道德的娱乐

不能给我们带来持久快乐的东西，

都不能称之为美妙，

没有什么东西能够保证让我们永远快乐，

永远感知真理、智慧与道德秩序。

——道德周刊（Moralische Wochenschrift）[1]

《老翁》（*Der Greis*）

---

[1] 德国文学期刊的雏形，出现于 18 世纪上半叶，旨在劝善戒恶，宣传理性主义思想，进行道德教育。内容多谈日常生活，偶尔也谈文学问题，是早期启蒙运动的论坛。

对于康德来说，道德的享受或者说道德的娱乐是矛盾的，因为道德是一种义务。它以"强制"[109]即"智性强制"为基础，坚决拒绝"偏好"（Neigung）这一享乐的根源。现实的理性要去克制"因为偏好而不顾一切的鲁莽"[110]。这种"道德的强制"带来了痛苦："我们因此会认清一种先验原则，即道德法则作为意志的决定根据，以损害我们所有偏好的方式来制造一种可以被称为痛苦的感觉。"[111]道德是受难。道德是痛苦。通往道德的完美，即"圣洁"的必经之路，就是痛苦。

康德对理性的强调无疑是启蒙运动的产物。然而，主导其道德理论，即主导康德思想的对感性与快乐的排斥，并不是启蒙运动的特征。启蒙运动恰恰是要去复兴感性。不仅康德，还有拉美特利（La Mettrie）也认为启蒙运动过于肯定了感性与享乐。拉美特利认为，对存在的感知首先是对快乐和幸福的感知。康德对感性的排斥不是启蒙运动表达的本意，而是基督教道德的残余。此外，那种"因为偏好而不顾一切的狂热的鲁莽"绝非"自然"如此。恰恰是这种将理性与感性严格区分开来的锋利刀口，才造成了强制，割出了伤口，才让喜好变得"狂热""鲁莽"。

康德认为，"至善"（das höchste Gut）是"我们意志中先天必要的客体"[112]。仅仅是"至善"就已顺应"理性生命追求完美的意愿"[113]。"至善"所指的不单是德行。只有德行和幸福一起才会造就"完美无缺的善"。然而，二者却又是矛盾的完全"不同的元素"[114]。这种道德不会使人幸福，也不会告诉"我们如何获得幸福"，因为幸福就是一件有关偏好和感性的事情。然而，偏好作为幸福的本源没有产生道德的行为，"因为人的天性不是自发而是只能通过使理性伤害感性的强制力才可以达成与那种善的协调一致"[115]。因此，道德如若进步，强制与痛苦必不可少。

道德与幸福之间存在着巨大的鸿沟。然而，康德不想为了道德而放弃自己的幸福。康德一直都在偷窥幸福。因此，他祈求神。神要设法完全准确地按道德比例"分配"幸福。[116]痛苦的人因为做出的"牺牲"和遭受的痛苦而获得"丰厚的补偿"[117]。康德为了幸福而进行痛苦投资。受难不会减少幸福，而是使其倍增。受难是加强版的幸福。它为了得到极乐的幸福感（Glückseligkeit）而典当了实实在在的快乐（Glück）。

　　1751 年，拉美特利发表了他在 1748 年流亡普鲁士期间所著《幸福论》(*Discours sur le Bonheur*)的德语译本。值得一提的是，德语译本的标题为：《至善或拉美特利先生关于幸福的哲学思想》。康德必定知晓这篇论文。只是，拉美特利和康德二人对"至善"的描述完全不同。拉美特利认为，幸福与德行之间无须祈求神来消除的矛盾。德行不是超越幸福并且只能由神用幸福论去传播的绝对的伟大。确切地说，就拉美特利而言，道德会带来幸福。道德的快乐并不是矛盾的修辞。幸福的生活是懂得从德行中获得幸福机会的生活。拉美特利的生活艺术就蕴含其中："一个人越有德行，就会越幸福……相反，若没有德行历练，并且不会从德行历练中获得快乐，也就无法得到这种幸福。"[118]拉美特利一再强调，幸福与道德彼此并不矛盾："人们唯一在做的事情就是去满足自己有限的生命，在此过程中，那些不仅为自己活着，还……为全人类活着，并因服务全人类而感到无上荣光的人，会倍感幸福。他们以自己的幸福来创造整个社会的幸福。"[119]

幸福不是自我孤立的个体的状态，"对他们来说，生存的整个过程中，都跟随着自己的愿望和意志"[120]。这种康德式幸福观是不成熟的。幸福并不是一切遂愿那么简单。它有一套复杂得多的传导结构，远非愿望马上就能实现这么直接。幸福也不是感性现象。确切地说，它通过社会性的、主体间的传播而实现。例如，道德周刊《幸福者》就说道："因为我们生活在一个聚满同类的世界，因为我们与邻人

（Nebenmensch）处于最为准确的关系中，所以，为了自己的幸福我们需要他人，这样，我们就要完善自己，在他人的幸福需要我们时，也能伸出援手。因此，我们从社交开始，在人群中彼此引导，携手并肩幸福地生活。"[121]

启蒙运动在 18 世纪诸多道德周刊中都展现了一种别样的、明显更人性化的面孔，几乎没有表现出对感性和愉悦的排斥。[122] 就连科学与艺术也不必规避娱乐。人们向"年少者"首先提出了这样的箴言："我们的科学是欢乐的科学，我们的艺术是愉悦的艺术。"[123] 道德与娱乐紧密相连。例如，《爱国者》（Patriot，1724—1726）第一部分写道："德行之路并不似许多人想象的那样艰难与不平坦。因此，我不想用愠怒的而是用快乐的方式，来引导我的读者穿行这条德行之路，并且希望能为他们创造名誉、财富和美好生活。"[124] 通往德行的道路不必历经痛苦。道德不等同于痛苦与受难。它不会让生命的快乐终止。恰恰

是道德秩序确保了恒久的快乐。自矜（Eigenliebe）与
道德彼此也不矛盾。例如，《公民》中说："自矜让
他知道，他是忠诚、顺从的臣民，是正直、热诚的公
民，是正义、重誉的男人，是勤奋、理智的家长，是
坦率、殷切的朋友，是惹人喜爱、懂得礼貌的人。总
之，必定是那个普通的生命枝干上的一根有益的枝
条；假如他不是自己想要放弃安宁和幸福，或干脆作
为无用的四肢被割离于赋予自己生命的身体。"[125]

道德周刊的宗旨，就是在道德上对读者实现寓教
于乐。相应地，其表述风格具有调笑、玩闹、讨喜和
风趣的特征。一种文学与道德上的洛可可就这样呈现
出来。然而，具有娱乐性的不仅仅是它那种为苦涩的
道德内容裹上糖衣的叙事形式。确切地说，快乐与消
遣必须以道德秩序本身为出发点。苦涩的道德核心观
通过叙事性糖衣而变得味美，却不能与复杂的道德传
播结构完全相符。道德可以也应该自发香甜之味。至
少它应该是喜闻乐见的。要让读者相信的是，道德并

不一定是苦涩的，它与"偏好"和谐共处。《蓬头彼得》（*Struwwelpeter*）的成功也表明，道德秩序显然也可以激发积极正面的感受："文章重点宣扬克制天性，扬言违反强制性禁令将面临严厉惩罚。这样的内容不仅被接纳了，而且还脍炙人口……这是如何做到的呢？是因为……孩子们在阅读的时候能够忽略所有他们不感兴趣的内容，才会在某种程度上只去享受令人快乐的糖衣，而完全没有感知到道德说教的苦药吗？还是那些公然说教的文章直接就写出了快乐？也许道德的良药完全没有那么苦涩？"[126]

披着道德外衣的娱乐文学（Unterhaltungsliteratur），其娱乐价值首先要归因于违背和重建道德秩序的辩证对立关系，即偏离和回归法则之间的辩证对立关系，例如犯罪与赎罪或违法与惩戒。道德的娱乐媒介不仅带来了单纯的快乐，还以微妙的方式实现了不可低估的社会功能。道德的娱乐媒介使道德秩序得以稳固和为人们所习惯，也就是使道德秩序成为偏好。道德的娱乐媒介也使道德规范转向内心（Verinnerlichung）。
卢曼（Luhmann）也认为，娱乐的任务就是重新（向
人们）灌输（re-imprägnieren），现在做的是什么或者
必然意味着什么。社会秩序或道德秩序因此得以维护：
"很显然，我们必须在很大程度上考虑观众现有的认
知情况。在这方面，娱乐可以起到加强现有认知的作
用。……浪漫派曾徒然渴望看到的'新神话'，被大
众传媒上的娱乐打造了出来。娱乐反复灌输的是'人
就是如此这般'。与惯常无异，记忆力在此关系到能
否获取习得的机会。"[127]

康德的道德理论某种程度上比人们通常情况下所
设想的要更加错综复杂。他从一开始就没有排除道德
娱乐的可能性。因为他"纯粹实践理性的方法论"针
对的问题是"如何将纯粹实践理性的种种法则植入
人的心灵并对心灵原则施加影响，也就是如何使客观
的实践理性具有主观的实践性"。康德自己结合这一
方法论谈论道德的娱乐："如果对某些参与者，既包

括学者、智者，也包括商人和富太太，在社交聚会上的对话过程稍加留意，你就会发现，其中除了讲述和逗乐，还有一种消遣娱乐的方式，就是无事闲聊……然而，任何闲聊都只是引起众人的参与而活跃社交聚会，并不会通过种种行为的道德价值来构建某个人的个性。某些人对理论问题细致入微、令人绞尽脑汁的一面感到枯燥、厌烦，但他们并非对一切问题都是如此。当要弄清楚这种靠嘴讲出来的或好或坏的行为有何道德内涵时，他们就会立即加入，并且特别严谨，特别乐于绞尽脑汁，特别细致入微，费尽心机去降低其动机意图的纯粹度，从而拉低其道德水准。就算不成，至少也能造成些质疑。这样一来，人们在接触不到任何臆想对象的时候，就只能指望着从他们那儿知道些什么。"[128] 娱乐是如何利用道德问题带来不仅仅是逗笑的那种恒久的快乐呢？康德认为，孩童就可以认清这种靠嘴讲出来的行动的道德内涵，并从中找到乐趣。"偏爱理性"已经成为他们的特质，"他们满怀

快乐地经受着从纷繁的实践问题中挑选出的最艰涩难
懂的难题的考验"[129]。康德所指的道德是孩子们在
"判断力的游戏"中彼此"竞争"。他们表现出饶有
兴趣的样子，是因为他们感受到"自己的判断力有所
提升"[130]。

　　然而，用实践问题去娱乐，要想产生道德的效
果，就要对理性（Begriff）的层面施加影响，而不是
停留在感性层面："向孩子们展示高尚、大度并可嘉
的典范情节，意在通过慢慢灌输对这种情节的热情来
引起孩子们的好感，只能适得其反。"[131] "我们多愁
善感的著作里滥用的所谓高尚（特别值得赞扬）的情
节范例可能在他们身上收效甚微。"[132] 在道德角度方
面，小说里的英雄产生的影响微乎其微。应该受到关
注的，是"义务和一个人自我审视而意识到自己不
曾违背这种义务而呈现的价值"。道德是受难。这种
受难体现在人们"自我牺牲"地"放弃""自然习
惯的""元素"，"走向高尚"，并在这种高尚的状

态中"因为时刻担心恢复以前的习惯而努力去保持现状"[133]。

对康德来说，道德的娱乐充其量可设想成"判断力的游戏"。人们虽然喜欢通过评判道德事例来娱乐，但是，这种评判却"无法产生行动起来的兴趣和对这种行动的道德性的兴趣"[134]。拿道德问题来玩的游戏是建立在无兴趣的基础上的。因为这是一种审美行为，它对客体生存，即实现某种道德观，太过漠视。所以，"除了判断力的习训，道德培养还需要'第二种训练'，其关键在于，摆脱因偏好而造成的鲁莽，从而不让任何一种偏好，甚至是最爱的偏好，对应该用理性做出的决定，产生影响"[135]。

作为日常神话的道德故事凭借一句安抚人心的"就是如此"（Es-ist-so）来灌输行为模式，除此之外的用途就是消遣娱乐，这些故事在调整社会关系方面也许比靠理性建立起来的道德"原则"或"枯燥严肃的义务观"[136]更加有效。故事不具有论证的能力，

它们仅仅是去取悦和迷住听故事的人。这也是其具有
高效性的原因。大众传媒的叙事性娱乐形式靠使道德
规范成为习惯，也因此使道德规范固化成偏好、日常
和无须另做评判或反射的"就是如此"的理所当然，
使社会得以稳定。康德所质疑的偏好事实上是社会重
要的组成部分。社会习惯（Habitus）正是建立在这种
偏好的基础上。康德所坚持的感性与理性以及偏好与
义务的二分法很抽象。它使康德对特定的社会和道德
的作用机制视而不见。

　　康德虽然认识到道德法则习惯化的必要性，却把
道德法则置于评价和反射的层面。也就是说，要"使
按照道德法则做出评判，仿佛成为一种本性的，既伴
随我们个人活动，又伴随我们观察他人自由行动之活
动的习惯"[137]。然而，感受或偏好并非像康德试图劝
说大家去相信的那样不稳定或不可信。道德习惯，即
道德的自动反应机制，通过前反射形式发挥作用，可
能要比有意识的决策更加容易保证成效。

康德本可以将《蓬头彼得》作者海因里希·霍夫
曼的话记在心上。很明显，霍夫曼对于道德教化，或
者说对于人的灵魂有完全不同的观点。或许，他曾经
做过精神病院医生这件事并非偶然。他的方法论内容
如下："用绝对的真理、代数或几何的定理不仅无法
触动……孩童的灵魂，反而会让他们因痛苦而失去生
活的乐趣。……懂得将暮光之年所余下的一部分童真
带入生活来拯救自己的人是幸福的。"不仅孩子们，
其实我们每个人的内心都具有"童真"，即不关心什
么原则或枯燥严肃的义务观而只对让人愉悦、安宁和
幸福的故事感兴趣的"童心"。当规范（Norm）以叙
事的形式押韵地传达到孩童的灵魂时，规范就会变成
偏好。娱乐就是叙事。它具有叙事的紧张感。讲故事，
且让故事扣人心弦的方法，比强制和义务更有效。这
也是延伸到当下，到当下日常的那些神话的本质。神
话的叙事性也是娱乐的主导。因此，娱乐比道德强制
更有效，比理性和真理更有说服力。

健康的娱乐

先人之言，亘古未变，

惜字如金，两语道尽，

生活法则——祈祷、劳作，

其余听天安命。

——克里斯多夫·威廉·胡弗兰德

（Christoph Wilhelm Hufeland）

《延长寿命之艺术》（*Die Kunst,*

das menschliche Leben zu verlängern）

摒弃怠惰因循，

不然，时光易逝，岁月难熬，

心生忐忑，惴惴难安，

这是魔鬼设下的温床。

———克里斯多夫·威廉·胡弗兰德，

作于临终卧榻

康德在《判断力批判》中引用了据说是伏尔泰（Voltaire）曾说过的话："上天为了平衡生活中的许多艰难而给予了我们两样东西：希望和睡眠。"[138] 康德想要在这两样东西的基础上再添加一样———笑。其实也可以说———好的娱乐（gute Unterhaltung），因为康德正是在论及游戏与娱乐的章节中对笑及其积极作用进行思考的。

康德将"运气游戏"（Glücksspiel）、"音调游戏"（Tonspiel）与"思想游戏"（Gedankenspiel）[139] 看作娱乐媒介。然而，这里出现的问题是，他将这些游戏归纳到"单纯的感觉"领域。这些游戏所带来的愉悦

感是一种"动物的，即肉体的感觉"[140]。通过娱乐
无法进行认知。它只能给人带来愉悦感，而不能拓宽
知识面。

娱乐在鉴赏判断（Geschmacksurteil）下进行。它
既不以"美"为参照，也不以"丑"为参照。它只
讲求"舒适"，直接取悦于感官，而这种美好的感觉
以反射传导，也就是以"评判"[141]为前提。美不是
感官感受的对象。相反，它与认知和评判有关。美虽
然并不能促成积极的认知，主体却因为它，而感受到
自己多种认知能力的"协调统一"。在认知过程中具
有决定性意义的想象力与理解力、多样性与统一性、
感性与理性（Begriff）的共同作用（Zusammenspiel）
也构成了美。以美为乐最终还是等同于主体以己为乐，
以认知的"合目的性"（Zweckmäßigkeit）为乐，即以
自己的认知能力为乐。

时髦地说，"快适艺术"（angenehme Kunst）是一
种地狱艺术，即娱乐性艺术。它以直接取悦感官的方

式达到消遣娱乐的目的。因此，它只是享乐的对象：
"快适艺术是只以享乐为目的的艺术；这些享受无异
于各种刺激，能让围坐一桌、谈笑风生此等事情带给
人快乐。"快适艺术只用于"眼前的娱乐"[142]，它没
有任何值得思考的内容。

康德将美的艺术与快适艺术区别开来。在他看
来，美的艺术或许就是天堂（严肃）艺术。美的艺术
虽然以认知为目的，但是作为"审美艺术"，它直接
的意图是实现"令人产生快乐（Lust）的感觉"，这
与"机械性艺术"完全不同，"机械性艺术"只会一
味地去临摹认知所获。但是，从美的艺术中生发的快
乐并不是"去享受的快乐"，而是"引发反思"[143]
的快乐或对客体冷静的评判后而讨人喜欢的快乐。相
反，快适艺术则以享乐为主导。它欠缺可以让人去判
断的深思熟虑后的宁静与冷静："任何一种对客体特
征（Beschaffenheit）的判断，都不是最有趣的那种快
适。这样一来，那些总是只想去享受（这才是那个可

以表达出他们对快乐的热衷程度的那个词）的人，就喜欢对判断表现出一种狂妄的态度。"[144]

就连以笑来消遣，也被康德从所有认知维度上加以否认。康德认为，理性不会喜欢"开怀大笑"的"荒谬"[145]。"紧张的期待突然变成虚无"会引起发笑，却不会让理性的内心感到愉快。"落空"的期待不会带来快乐。因此，康德居然猜想，快乐的原因可能在于肉体。幽默虽然是"思想的游戏"，但是，带来快乐的并不是思想，而纯粹是肉体。康德的解释让人想起笛卡尔提出的那个将肉体与灵魂结合在一起的特殊松果体（Zirbeldrüse）。因为康德的设想是，"肉体器官中的任意一个动作都与我们所有的思想和谐联系在一起"[146]。因此，意料之外的思想跳跃或与惯常的偏离构成了幽默的同时使肉体器官"震动"（Schwingung），"这种震动促进了平衡的形成，并对健康大有裨益"[147]。愉悦感并非来自"对音调或幽默的突发奇想是否和谐的判断"，而是来自肉体器官和谐的共同作用。这种共同作用并非"想象力的游戏",而是"感受的游戏",即"推动内脏和横膈膜的激动情感(Affekt)"[148],是它让人产生愉悦感。肉体的舒适感来自"内脏有弹性部分的收缩和舒张,传导到横膈膜上,同时,肺快速连续地把空气呼出,从而引起有益健康的运动"[149]。因此,由娱乐带来的愉悦感并不是精神的,而是动物的,即肉体肌肉的天性。康德指出,"那种与游戏保持和谐统一的内脏运动所产生的健康感为觉醒的社会群体带来了十足的愉悦感,人们称赞这种愉悦既精美又生机勃勃"[150]。

"有疗效地晃动肉体"[151]的娱乐才是健康的娱乐。消极与积极情感的相互转变引起能够推动"整个肉体生命运行"(Lebensgeschäft)的"内部运动"(Motion)。善的娱乐与东方的肉体按摩一样健康:"情感游戏产生震动后随之而来的快适无力是一种对舒适感的享受,这种舒适感来自我们体内某些生命力所制造的平衡:这种对舒适感的享受最终与东方纵欲者仿佛在接受身体按摩，整个肌肉和躯干被柔软地按压和弯曲时感到舒服的那种享受的结果是一样的。"[152]

康德并不认为娱乐具有认知潜力。娱乐是感性情感的生发（Geschehen），并不表达意义。康德忽略了一点，那就是不能维护身体健康的娱乐换一种角度看其实是健康的。因为，娱乐稳定了现存的社会关系，它用图像或故事将存在者和应存在者固化，这对规范的内在化十分有利。娱乐正是因为自己的语义和认知结构而产生了这种成效。娱乐的作用在于假托娱乐和消遣对认知层面进行探究。

就连笑也不仅仅是内脏和横膈膜之间的和谐游戏，它让人感受到肉体的健康。这种偏离惯常所引起的笑恰恰恢复并加强了这种感觉。偏离惯常而发笑，又意味着对规范的认可。因他物而发笑总是意味着对自我，对熟知和信任之物的认可。因此引人发笑的娱乐也发生在认知层面，即意义层面。娱乐的笑不仅与横膈膜和内脏有关，还与诠释和判断有关。恰恰是康

德的关于幽默的例子表明，笑是一种感官上的生发
（Sinngeschehen），这与他的猜想刚好相反。笑他物总
是蕴含着人们的自我优越性的感觉。[153]

美会使心灵处于"静观"（Kontemplation）[154]状
态。正是这种沉思的宁静使美并不适合用作娱乐，因
为娱乐的基础是"动"，心灵会因为情感而受到强烈
的触动。崇高（das Erhabene）虽然会使心灵陷入"激
动"[155]，然而，崇高和美一样，都不那么具有娱乐
性，因为崇高的感受不是"动物的，亦即不是肉体的
感知"。它涉及的是一种超感（das Übersinnliche）。

康德将没有感性表象的事物称为崇高。因此，崇
高对于想象力（Einbildungskraft）来说是它惧怕迷失
其中的"深渊"[156]。崇高无法凝结成形。这种否定
论虽引起了畏惧和反感的感受，却也对想象力产生了
积极的作用。这是因为想象力受到激励而脱离感性走
向超感。向超感过渡的过程中人们感受到了快乐，也
就是感受到了"我们的认知能够超越最大的感性能力

而理性地做出决定的优越感"。崇高让主体感觉到超越感性的振奋。崇高的感受是一种主观感受，一种崇高性感受，这种感受超越了由主体错误地传达到客体上的感性。

崇高的感受和快乐与不快（Lust und Unlust）的感受相互矛盾，这种快乐与不快的感受来自排斥和吸引客体的急速转变。这种源自崇高的对立（Spannung），即运动，不利于娱乐，因为崇高的感受总是被套入超感之中，套入超感的思想之中。崇高包含了一种向往超感的心情或者被调整到超感，而娱乐所带来的愉悦则始终是感性情感的现象，是动物的、肉体的感受。消极和积极情感之间的急速转换所引起的强烈的情感冲动（Gemütsbewegung），虽然以舒适的方式猛力震撼心灵并使其振奋而产生愉悦感，但是，只要这种活动没有将心灵升华到超感层面，它们就无法产生崇高的感受："当来势汹汹的情感冲动连丁点心绪的痕迹都未能留下的时候，它就绝对没有资格享有被以崇高

的方式加以展现的殊荣，即便这样的冲动需要充分动
用想象力。能在心绪中留下痕迹的冲动就算是间接的，
也会让人意识到自己的坚定和决绝，进而产生思维能
力上的（超感性的）作用。因为，若不如此，所有的
感动（Rührung）都可以算作人们为了健康而喜欢的运
动了。"[157]

　　人们仅仅因为健康的娱乐而去寻找情感的运动。
情感仿佛受到健康的震动。然而，这种运动只要保
持感性情感的运动方式，就是具有娱乐性的神经性
激动（Nervenkitzel）。它不会产生崇高感。作为神
经性激动，即作为"兴奋"的这种运动也不会"拓
展"灵魂。[158]它欠缺超越性、超感性，并且缺乏
受难精神。这种情感的运动只是肉体的，即动物的
愉悦。

　　席勒曾说过一句著名的话："人只有在游戏的时
候，才是完整的人。"康德对此话并不苟同。就康德
而言，人，至少要热衷于游戏与娱乐才算是"完整

的人"（ganz Mensch），因为除此（热衷娱乐）之外，他就是个动物。游戏与娱乐带来的愉悦就是一种与内脏、横膈膜以及肺有关的动物的感受。娱乐与肉体的按摩相似，其过程中既不"学习"也不"思考"[159]。消极的（如畏惧）和积极的（如希望）情感之间的急速转变只会使肉体的生命运行变得活跃。东方的肉体按摩之所以不只是娱乐，正因为运动着的原则（das bewegende Prinzip）"完全超越我们自身之外"。娱乐则是建立在内在的情感运动的基础之上。然而，就效果而言，也就是就健康的感受而言，娱乐和肉体按摩并无本质上的区别。娱乐媒介所带来的"舒适感"（Wohlbefinden）是一种健康状态（wellness）。人们在娱乐的同时既不"学习"也不"思考"，只有肉体受到"有疗效的摇动"。

有趣的是，康德正是在关于游戏与娱乐的这一章节中频繁地谈到健康。他认为，娱乐使人健康。因此，笑制造了"肉体中各种生命力量的平衡"[160]。

得到促进的还有"肉体的舒适感"。这个词在 1892
年的英译本中，被翻译成"肉体健康"（bodily well-
being）。[161] 现在，人们会毫不犹豫地将其翻译成"健
康状态"。由此可见，娱乐保证了一种"健康感"
（feeling of health）、"健康"以及"健康状态"。

毫无疑问，康德将其对健康的关注归因于启蒙运
动。然而，健康对他来说并没有绝对积极的价值。健
康并不是终极目标。他认为健康与理性的目的论相比
后者更为重要："它（即健康）对于每个拥有它的人来
说，都会让人感受到最直接的舒适性（至少是消极意
义上的，也就是与一切肉体病痛的远离）。但是，为
了说它是好的，人们必须通过理性使其面向这样的目
标，即健康是让我们对所有正在做的事情都有好兴
致的一种状态。"[162] 娱乐虽然促进"肉体中生命运
行（Lebensgeschäft）的方方面面"，但是这种生命运
行似乎是缺少思想的。它只有益于赤裸的生命。只有
理性才会将健康与目标结合，以此赋予健康"运行"

（Geschäft）的能力。因此，康德对"为了享乐而单纯地活着（在活着的意图下，还表现出有事可做的状态）的人，才拥有人自身生存（Existenz）的价值"这一假设提出了质疑。他认为，能够赋予人类"绝对价值"的"只有人类在不考虑享乐的情况下所做的事情"。作为受难的行为决定了人的此在（Dasein）。"肉体健康"只是动物性的感受。享乐并不能使人类超越动物性。

但是，康德并未真的放弃幸福与享乐。因为，他的追求，即对理性的追求针对的是绝对的幸福，即绝对的享乐。康德为了"至善"而牺牲了快乐，然而至善本身就包含了快乐的最高级，即"幸福"。康德是拿快乐来投机取巧。

康德灵魂深处或许曾是一个善于选择的人（homo delectionis）。为了控制自己享乐的欲望或天马行空的想象力，他给自己套上了理性的强制外衣。然而，康德所屈从的强制却带来了痛苦。这种痛苦的内在化使他变成一个痛苦的人。然而，与此同时，这种内在化却又使痛苦变成享乐的根源。因此，痛苦不仅变成一种受难，也使享乐更加深入。

康德在《实用人类学》（*Anthropologie*）中，将痛苦提升为一种生命原则。仅靠痛苦，人类就会感受到生命："通过消遣娱乐而感受到生命的存在无非就是：持续不断地感受到自己被驱策脱离当下的状态（这种状态肯定就是时常重返的痛苦）。"[163] "满足"（acquiescentia）对于人类来说根本无法做到。人的天性将"自己无法摆脱的行为伤害所带来的痛苦置于内心"[164]。痛苦避免了致命的无生命性（Leblosigkeit）："生活中的（绝对）满足或许就是无作为时的安静和行事动力的停息，抑或感知上和与其相关的行为上的迟钝。然而，这些与动物肉体中心脏停息后若没有（通过痛苦）向其发出新的刺激，死亡就必然随之而来一样，并不能与人类理性的生命并存。"[165] 因此，劳动才是"最好的享受生命的方式"，因为劳动是"费力的（本身无法令人舒适，只有通过成功才能让人感受到快乐的）活动"[166]。痛苦强烈地刺激人类"始终奔向更好"。所以，人在通往更好的道路上必然经历痛苦。痛苦是健康的，它延缓了死亡。

启蒙运动是有健康意识的。宗教是健康的。道德也是健康的。康德认为"道德体操"（ethische Gymnastik）也是如此。[167] 德行有益健康。"理性的力量"（Macht der Vernunft）使感情得以摆脱病态情感，摆脱使人呈现病态的偏好和情感。[168] 在《系科之争》（Der Streit der Fakultäten）中，康德将"道德实践哲学"解释成"万灵药"，这万灵药虽不能帮助世间万物，却是所有药方中都不可或缺的一味药。康德认为这种万灵药能够"防病"，并且"延长人的生命"。除了"单纯的节食"或实践理性的"体操"，哲学作为"药物"（materia medica）必定有"治疗"效用。[169] 这就是"哲学的直接物理效用的力量，人的本能想要通过这种力量获得肉体的健康"，它还能"克服""痛风症的剧烈发作"[170]。由此可见，理性使人健康。在健康方面，理性不是娱乐的对手，二者皆健康。健康是理性与娱乐相通汇聚的点。

存在作为受难

我在奥尔伯格度过的岁月：

在昏暗中

绝望的胆怯

你们常看到我如此这般。

我哭喊着：永不徒然。

我年轻的存在

疲于悲叹而

只相信天使"大人"。

——马丁·海德格尔

　　彼得·格洛茨（Peter Glotz）在一本关于娱乐的书中提出了猜想，娱乐批判与死亡受难之间或许存在关联性："对娱乐、消遣和轻松艺术（leichte Kunst）的评判追根溯源来自宗教。比如帕斯卡尔（Pascal）说过，就他而言，'娱乐之心已灭'意味着才可以专注向死而生。"[171] 马丁·海德格尔也支持这种精神的即神学的传统，在这一传统中，娱乐与消遣被认定为一种沉沦（Verfall），一种与实际生活的背离。海德格尔认为，消遣就是"逃避死亡"[172]。它使此在从"本真生存（eigentliche Existenz）的可能性"[173] 中滑落。只因为死亡是"生存的极度不可能性"[174] 才让此在看到了本真生存的可能性。海德格尔经常使用基督教的语言。此在面临着"持续不断的沉沦的诱惑"。这样看来，"在世存在"（In-der-Welt-sein）是具有"诱惑性的"[175]。消遣导致"沉沦"（Verfallenheit），与严肃的、随时准备战斗的[176] 向死而生是对立的。"战斗"（Kampf）[177] 与"决断"（Entschlossenheit）属于

海德格尔关于本体存在论（existenzial-ontologisch）的
词汇。海德格尔认为，此在于"战斗的"决断中为
自己挑选"英雄"。生存是受难，同时也是死亡受难
（Todespassion）。

　　"娱乐"这一术语并不是《存在与时间》中的
词汇。但是海德格尔关于"日常"的本体存在论的
分析却包含了可以归于娱乐现象学的表述。例如，海
德格尔的"常人"（Man）是一个被看作大众娱乐的
主体，即大众传媒的超主体（Hypersubjekt）的角色：
"在使用公共交通工具及利用报纸这类媒介方面，任
何人都与其他人（der Andere）一样。这样的彼此共
在（Miteinandersein）把本己的此在完全消解在'他
人'的存在方式中，这样，头角峥嵘的他人就逐渐消
失了。常人就这样悄悄地、不确定地展开了它真正的
独裁。我们享受并以享受的尺度来娱乐；我们按照观
看和判断的尺度来阅读、观看和判断文学与艺术。"[178]
常人体现了，确切地说是代表了鉴赏力与理解力的平

均水平，大众由此理解自我和世界。它包含了大众所倾向的对日常生活的诠释模式和行为模式。常人就理解（Verstehen）而言具有决定性意义，因为常人以自己的知觉模式（Wahrnehmungsmuster）去制造现实，即"最日常最顽固的'实在性'（Realität）"[179]。

娱乐媒介以不同的方式提供了诠释及行为模式。娱乐以此维系着这个世界。所以，娱乐也是一种生计。然而，《存在与时间》中并未谈到的电视却被理解成常人的主导媒介。因为，电视并非被动地塑造了"客观的"实在性，事实上，它是主动地制造了实在性，即被视为真实的事物。因此，电视机是一种实在性机器。电视没有带来遥远（Ferne），反而产生了切近（Nähe）。电视通过制造实在性，即"日常展开性"[1]的切近来消除遥远。

大众娱乐让各种各样的意义和价值在叙事性和富

1　海德格尔将这种包含了与自身相关的闲谈理解为 Ausgelegtheit，即展开性、被解释状态。

有情感的道路上循环流转，并塑造了对知觉起决定作
用的情感："对公共的展开性的控制（Herrschaft）甚
至决定了情绪状态（Gestimmtsein）的诸多可能性，即
决定了此在之于世界的基本方式。常人预先确定了心
理状态（Befindlichkeit），这决定了人们'看'什么
和怎么'看'。"[180] 娱乐媒介的功能在于灌输"公
共的展开性"，它决定了"平均水平的理解"[181] 和
看世界的普通视角。行为及诠释模式通过令人快乐
的生理和心理频道（Kanal）被内在化。因此，娱乐
使现有社会结构保持稳定。我娱乐故我在。务必要再
塑造的意义结构（Sinnstruktur）使判断和理解的"负
担减轻"[182]。创造世界，即创造完全他者（das ganz
Andere）可能比发现已解释的世界要更加辛苦和艰难。
因此，电视通过提供预制的意义构成物（Sinngebilde）
即神话来"卸除存在的重担"（Seinsentlastung）："常
人因为要不断地以卸除存在的重担的方式去迎合相应
的此在，而保留和加固自己坚固的控制。"[183] 如此看

来，娱乐与"烦"（Sorge）并不对立，它不是无忧无虑地放纵自己于世界（SichÜberlassen an die Welt），而是"烦"的沉沦模式，此在在"烦"中牵挂着为自己的生存解除（ent）重担（lasten）的事物。

娱乐不仅卸除了存在的重担，还带来了快乐。这一结论来自海德格尔的以日常分析为依据的娱乐现象学。"闲谈"（Gerede）免除了谈话（Rede）的负担。闲谈是日常的意义构成物，抑或信念的总和（Summe）或整体（Ganzheit）："闲谈的无根性（Bodenlosigkeit）并没有妨碍它被公共接受，反而更利于被公共接受。闲谈让人可以在没有事先掌握事件的情况下理解一切。"[184]"闲谈"也指背后议论和搬弄是非。作为娱乐形式的闲谈对保持"公共的展开性"具有决定性意义。它们不会赞美无意义的事物，确切地说，它们有自己的展开状态（Erschlossenheit）。日常充满了平均状态的有意义的事物，人们本能地遵守着这些意义："这种闲谈的展开性在此在之中根深蒂固。我们最初以这种方式认识了很多事物，其中有不少从未超越这种平均水平的理解（Verständnis）。这一切都从未脱离日常的展开性……"[185]

海德格尔并没有一直在描述常人或者闲谈的现象学中立性（Neutralität）。因为这种中立性总是被源自宗教的价值（Wertung）或观念（Vorstellung）打断。因此，闲谈的"意义就减少了"。那种价值观使日常的积极性一再转变成非本真（uneigentlich）的消极性。所以，闲谈也使本真生存的可能性这个话题重复到令人生厌："闲谈中一直谈及的在世存在的此在自行阻断了同源初和原本真实的与世界、与共同此在（Mitdasein）、与存在之中（In-Sein）相关的存在（Seinsbezüg）之间的通道。"[186] 闲谈与自己积极的映像（Gegenbild），即谈话的受难模式，也就是与表达了"游荡般无家性"（Unheimlichkeit der Schwebe）的"沉默"彼此对立。常人虽然卸除了生存的重担，然而存在本身（das Sein als solches）就是负担。存在就是受难。常人或娱乐使生存免除受难从而具有"非本真日常的无根性和虚无性（Nichtigkeit）"[187]。闲谈本非无根，因为它首先就要塑造或加固沟通的根本。无根或费解的倒是那些聚集多了便成了受难的沉默。

《存在与时间》或许也可以命名为"受难与娱乐"。作为受难形象的痛苦之人与常人是截然不同的。唯有在"缄默以及对自己的恐惧估计过高的决断（Entschlossheit）之源初个体化"[188]中才有本真生存的此在。受难具有个体性。痛苦之人也是寂寞之人（homo solitudinis）。相反，娱乐看起来并不具有个体性。常人会"阻止，并用特有的方式抑制和延缓每一个新的发问和对质"[189]，并维护熟悉的事物，而不同于常人的是，海德格尔所谈及的寂寞之人所做的却是去探索未知。他面临着将自己从"常人的幻想"[190]中释放出来的恐惧："因此，恐惧决定了此在是否能够在沉沦中从'世界'和公共的展开性中理解自我。"[191]

　　赞许这个世界就成了沉沦。就连娱乐也是以赞许存在者（was ist）为基础。只有如此，娱乐才能产生或至少维持这种存在者。然而，恐惧作为本真生存的发酵酶却被认为是消极的。它粉碎了"我们对生存成就的所有固执（Versteifung）"[192]。它通过令此在脱离熟悉的世界的方式使其变得无处为家。相反，娱乐却可以使此在在当下的世界成为有家的状态。娱乐就是家计（Unterhalt des Hauses），娱乐就是持家（Haus-Haltung）。此在随着死亡而失去家。它觉察到了存在的无处为家，尽管这种无处为家掩藏在常人所熟悉的世界。

　　此在在沉沦中、在熟悉的范围内努力着。赞许这个世界是此在的情状（Verfassung）。此在总是被人接受。因此，"沉沦的时间性"就是"现时性"（Gegenwart）。[193] 未来只不过是单纯的此地、此刻的继续与延长。沉沦的时间性阻止了完全他者的产生。

就沉沦的时间性而言，未来在严格意义上，在即将到来这个意义上（Im Kommen Begriffen）是锁闭的。沉沦的时间性也是娱乐的时间性。娱乐的此在支持的是此时此地。娱乐加固了存在者。娱乐的时间性也是现时性。过去的东西就是旧的东西。即将到来的东西则是新的东西。然而，被称为他者的既不是旧的东西，也不是新的东西。

本真生存的受难揭示了一个完全不同的时间结构（Zeitstruktur）。与沉沦不同的是，对此时间结构有决定意义的不是现在，而是未来。未来是受难的时间性。救世主的未来表露出完全他者，这对于海德格尔思想来说虽然是陌生的，但作为"先行到死"（Vorlaufen in den Tod）的本真未来却因为这未来而抛弃了熟悉性（das Bekannte und Vertraute）。它将此在从"公共的家"（Zuhause der Öffentlichkeit）中抛出，而令世界出现于"不在家"（Un-zuhause）[194] 的光明中。[1]"不在家"
将此在推向受难，令其有英雄般的坚毅。

本真的受难占据着海德格尔的《存在与时间》，
而常人则一直保持沉沦模式。海德格尔违背了自己的
誓言，他没有让常人保留存在论的中立性。因此，没
有受难的日常，失去了其作为芸芸众生存在根基的作
用。有了这种作用，世界才会获得感知和辨识的模板，
才能在特殊的意义上获得消遣。

海德格尔的此在首先并且大部分都存在于"工
作世界"（Werkwelt）里，也就是工作的世界（die
Welt der Arbeit）里。海德格尔在《存在与时间》中

1　在《存在与时间》中，海德格尔通过分析"恐惧"而触及"家"的问
　题。恐惧是此在具有的一种原发的心理状态（Befindlichkeit），我们在
　其中感到"无家"或阴森怪异感。海德格尔就将其延伸为"不在家的
　存在状态"。这种阴森怪异感提示人，他在日常公众的"常人"那里
　得到的"在家"或"在家中存在"的感觉，实际上是幻觉或一种丧失
　真态自身的症状。因此，在该书中，"家"或"在家"是一个否定性的
　词。说到底，只有通过不在家的存在状态或这种状态参与造就的被个
　体化的缘在存在，理解人类本性和存在意义的视野才会被打开。

就已将工作理解成人类生存的基本形式。第一世界就是"工作世界"。这里的工作受"环视"（Umsicht）领导。环视发现了万物（Dinge）的何所用（Wozu），即意义，且是在前反思（vorreflexiv），即明确的主题化（Thematisierung）之前发现。环视通过将万物归类或安置进入所熟悉的"工作世界"的功能语境（Funktionszusammenhang）中来建立与万物之间的切近（Nähe）。万物在工作世界中按照各自的何所用（意义）找到自己的位置。海德格尔把这种将万物归置与安放至切近称为"去—远"（Ent-fernung）。去远的"环视"作为"接近"（Näherung）清除了遥远（Ferne）。然而，若工作停止，环视与工作世界之间的纽带也将消失。如此，就会在不工作的空闲时间里产生"变得自由的环视"（freigewordene Umsicht）。此在因为始终具有"根本性的切近趋势"（wesenhafte Tendenz auf Nähe）[195]，而在工作世界之外继续着去—远的工作。因此，在不工作的空闲时间里，此在漫步在"遥远和陌生的世界里",以达到"仅从外观(Aussehen)上"将世界占为己有的目的,而海德格尔或许会说"直瞪瞪地看着"这个世界。所以,此在在空闲时间里是看向远处的。这个看向远处(Fernsehen)有其特殊的看法:"此在寻找遥远,只是为了让自己从外观上去了解遥远。因为唯有世界的外观令此在着迷。"[196] 在空闲时间里,此在脱离了被环视的束缚,沉醉于自己的"视觉享受"(Augenlust),即看图像的快乐中。此在是在看向遥远。

海德格尔针对"变得自由的环视"的评论也被读成针对看向远处(Fernsehen)的批判。"变得自由的好奇(freigewordene Neugier)一心惦记着去看,目的却不是为了理解所看之物(das Gesehene),不是为了进入所看之物的存在,而仅仅是为了看。好奇之所以去寻找新事物,只不过是为了不断地从这一个新奇跳到另一个新奇上去。看所挂记的不是要去理解,不是有所知地在真相中存在,而只是为了能放纵自己（Sichüberlassen）于世界。因此，好奇的特征恰恰是通过不逗留于切近得以体现。好奇也不寻求闲暇以便有所逗留旁观，而是通过不断翻新的东西、通过照面者的变异寻求着不安与激动。好奇以不逗留（Unverweilen）的方式操劳于不断娱乐（Zerstreuung）的可能性。"看向远处因此或许是一种被动的"放纵自己于世界"。被看的只是图像而已。好奇的、不做逗留的看相当于电视频道的频繁转换（Zappen）。此在穿梭在世界中不断转移。若将"不逗留"的转换频道译作存在论（Ontologisch）术语的话，它的意思就是在世存在的非本真模式。被理解为存在论的转换频道将此在驱散到非本真的生存状态。

在《存在与时间》的诞生之年（1927），海德格尔还不知晓电视为何物。德国是 1934 年才开始尝试播放电视节目。然而，在《存在与时间》中，海德格尔已经谈及广播。广播使人们能够听到远处（Fern-Hören）。海德格尔又将广播与那个"根本性的切近趋

势"联系在一起："我们今天或多或少都不得不参与
的每一种速度的提升，都催逼着我们去克服距离。比
如有了广播，今日之此在方能在拓展和破坏日常周
遭的道路上化此在意识所不能及之天涯为咫尺（Ent-
fernung）。"[197] 在这一点上，海德格尔的评价不同寻
常地超前。然而，仅靠此在本体论（Ontologie des
Daseins）还无法解释，广播为何在拓展"日常周遭"
的同时也对其进行破坏，被破坏的究竟是什么，对世
界的去—远的消极评判到何程度。那个或许是家乡的
真实世界，会被来自"遥远又陌生的世界"的声音或
图像破坏吗？抑或破坏世界的世界性（das Welthafte
der Welt）的只不过是作为单纯的表象（Vorstellung）
的图像本身？大约 30 年后，海德格尔在电视机的大
力普及下更加清楚地表达了自己的观点。图像和表象
只是迷惑了一个不是世界的世界："留在家乡的人又
身处何种处境呢？他们要比被逐出家乡的人更加无处
为家。他们时时刻刻都被吸引到收音机和电视机旁。

一周接着一周，影像把他们招到从未栖居过但通常是熟悉的影像领域（Vorstellungsbezirke）中，它不是一个世界，却伪装成一个世界。"[198]

后来的海德格尔也对眼睛与图像发出质疑。他对"影像"的批评其实就是一种对图像的批评。图像不仅可以暴露事物，也可以掩盖或隐藏事物。这些图像使看忘记了未被媒介再现却摆在面前的图像（Vor-Bildlich）和实在物（das Reale）。在海德格尔《创造性的山水风光——我们为什么留在偏僻的地方？》（Schöpferische Landschaft - Warum bleiben wir in der Provinz？）这篇被很多人嘲笑的文章里，有一个有趣的提示。海德格尔在详细描述托特瑙山的小木屋后，说道："这便是我工作的世界——用造访者和避暑者的旁观（betrachtend）之眼来看的样子。我自己其实从不旁观这里的风景。我只是在四季轮回中体验其时时刻刻、日日夜夜的变化。山峰之凝重，原始山岩之坚实，杉树缓慢精心的生长，花朵怒放的草地绚丽又朴素的光彩，漫长的秋夜里山溪的奔涌，积雪的平坡肃穆的单一——所有这些风物变幻，都穿透高山上的日常此在，凸显出来，不是在审美沉浸或人为的移情（Einfühlung）发生的时候，而仅仅是在人自身的此在整个儿融入工作之际。唯有工作才会为这山林中的现实性（Bergwirklichkeit）敞开空间。工作的过程深植于风景之生发。"[199] 海德格尔对"旁观之眼"是持批判态度的。世界与风景不该只是被旁观。世界的世界性不能被客观化为图像或者影像。"山峰之凝重"与"原始山岩之坚实"或许就是这个世界的实在之物。世界通过自身传达到工作中的矛盾来表达自己的所需。不工作、只旁观和像游客般享受的人，就不能通达这个世界。工作被一再地强调。只有工作才能使世界变得可以通达（zugänglich）。只有工作才会为这"山林中的现实性""敞开""空间"。仅仅在那儿旁观则会令世界消失。世界的实在物只有通过媒介传播才会为人所知。花朵盛放的草地、积雪的平坡、山溪的奔涌和杉树缓慢精心的生长这些相互交错和彼此渗透正体现了这一点："这一切相互交错和渗透。"然而，这种实在物的彼此交错和渗透又被媒介摧毁。媒介使"日常此在"（这一表述还显示出《存在与时间》的观点）处于"影像领域，它不是一个世界，却伪装成一个世界"。

凝重和承载成为世界的事实性（Faktizität）。海德格尔对媒介的批判最终体现在，媒介图像使世界失去事实性，这些图像似乎不够凝重，因此无法承载世界的分量和万物的自重。媒介导致实在物消失。因此，海德格尔提出了那些如同"山峰之凝重"或者"橡木之坚实与气味"[200]般未被媒介再现、未被只是看看的万物特征。不管是"橡木的气味"还是"杉树缓慢精心的生长"都无法通过媒介具体化（vergegenständlichen）。本真的事物，即根深蒂固的世界万物具有一种特别的凝重，一种特别的与媒介性（Medialität）抗衡的物质性（Materialität）。媒介及虚拟世界的失重导致世界失去事实性。海德格尔认为，单是"一切成长之物彼此的距离"（Weite aller gewachsenen Dinge）就"成就了世界"[201]。然而，媒介之物并不是自然生长起来的，而是人为制造的。看向远处（Fern-Sehen）恰恰去—远了"一切成长之物的距离"。海德格尔用"自然生长的"、天然的抑或根深蒂固的事物去反对媒介构造的、无事实性的事物。

海德格尔的思想关乎世界重获事实性（Refaktifizierung）。事实性的重获首先体现在语言层面。押韵以及半押韵（壮丽 / 秋夜，杉树 / 草地）（Pracht/Herbstnacht，Tannen/Matten）目的在于促使人们对既没有影像也没有媒介构造的世界的源始、原生的秩序产生想法。世界重获事实性建立在语言重获事实性的基础上。这一观点同样适用于海德格尔所说的万物。其万物为众人所知："溪水与山峰"（Bach und Berg），"镜子与别针"（Spiegel und Spange），"书与图"（Buch und

Bild），"桂冠与十字架"（Krone und Kreuz）[1]。[202] 具有同首音（Stabreim）的表达将万物聚合而成源初的世界。它们构成了一种可能与充满媒介物的世界同样不实在或虚幻的实在性。

海德格尔的表述，如"坚实""凝重""黑暗""阴暗"，或者"负担"都不仅仅表达了对世界的事实性的强调，也是其受难语言的延续。存在即为苦难。人们在为此在减去负担（ent-lasten）的娱乐中与受难的存在渐行渐远。只有工作才符合存在的受难性。即便将工作地点从工作世界转换到山林世界，海德格尔也没有忘记对工作的强调。他在《创造性的山水风光》中写道："只有工作才会为这山林中的现实性敞开空间。工作过程深植于风景之生发。"尤其是后期的海德格尔认为，即便工作不是行动（Aktion），不是在做什么抑或在制造什么，它仍然是受难。工作

---

1 这里的几对德语词都是押韵的。

是建立在被抛境况（Geworfenheit）的基础上。因为特殊的被动（Passivität）和受难（Passion），"风景之生发"后便产生了工作。

就海德格尔而言，思考也是工作。作为工作的思考又是一种受难。"苦难"的被动性是思考的标志。思的任务在于"成为回声"（ein Echo zu sein）："成为回声是思考的受难。思考的热情（Leidenschaft）是一种潜藏的清醒（Nüchternheit）。"[203] 清醒的热情本就是矛盾的。但是，海德格尔却将热情理解成字面上的受难—状态（Leiden-schaft）。它指的是沉迷或听随所思的被动性，这种做法让人无法主动理解，而是使人被动受难。思考首先必须由"不可预思之物"（das Unvordenkliche）[204] 或"支撑性的规范之物"（das Tragend-Bildende）[205] 来定音（be-stimmen）、调谐（durch-stimmen），最终定调（über-stimmen）。思考的事实性恰恰存在于此。

海德格尔所指的思考者是基督受难像（Schmerzensmann）。其关于痛苦的神学理论内容如下："在痛苦之裂隙（Riß）中，高度延续之物保持其延续。痛苦之裂隙把恩宠（Gunst）之隐蔽运行撕扯入一种新的恩惠（Huld）之到达（Ankunft）中。"[206] 思想的裂隙是一种对"伟大之物"（das Große）的敞开，这"伟大之物于人类而言尺寸过大"。无裂隙的思想，其封闭的内向性（Innerlichkeit）也许不会对"恩惠之到达"产生影响。只有裂隙，即痛苦才能为超越人类之物（das Über-Menschliche）敞开人类的思想。痛苦是超越。痛苦是神。娱乐则是内在性的，是无神论（Gottlosigkeit）。海德格尔对受难的偏爱也反映在他对万物的挑选方面。具有代表性的是他提出的万物中的最后两种"桂冠与十字架"。恰恰因为向"十字架"的切近才令"桂冠"想起那个痛苦之耶稣的荆冠。就连海德格尔也因为绝望而向神发出了祈求，原因则是这个被技术和媒介消除了事实性的"策划性"（Machenschaft）世界："只还有一个神可以拯救我们。"[207] 存在作为痛苦，作为祷告与存在者（das Seiende）的内在性是截然对立的，这种内在性在现代只能无可救药地听凭体验（Erlebnis）与娱乐的摆布。就连娱乐也是一种策划，它使"畏"（Scheu）在神之物与不可预思之物面前消失得无影无踪。

汉德克（Handke）在很多方面都与海德格尔观点一致。世界的失事实性（Defaktifizierung）被汉德克称为"离乡背井"（dépaysement），翻译成德语即为Außer-Landes-Geratensein，或者 Außer-Landes-Sein。[208]可以说，媒介—世界（Medien - Welt）终结了本真的在世存在。媒介使世界失去事实性。在冬季黑森林里的那"积雪的平坡肃穆的单一"使海德格尔再一次感受到，在这个世界中存在如同在工作中存在般快乐。汉德克也出发开始了他在多瑙河、萨瓦河、摩拉瓦河与德林纳河畔的冬日之旅。汉德克恰恰是在"压下年久的铁闩锁的时候"，在"几乎要用尽全力来推开店门的时候"感受到了那种"重返家乡"（re-paysement）、

"回归故土"（Zurück-ins-Land-Geraten）以及被重新抛回世界的快乐。世界的事实性首先通过物体的重力和阻力得以体现："由经年累月的时间和物质重量引起的物体的轻微阻力，与施加其上的物体产生的摩擦，都能显现出一种独立的反作用体（Gegenkörper）的存在。……塞尔维亚语中，商铺的门字面的意思是反作用物（Gegen-stand）……物体间瞬时发生的密切接触中的一方，都是自身具有持有物（Bestand）的本有（Ereignis）的主体。这种轻微的阻力，即在最朴素的物体身上也能被感知到的本性（Eigenkraft），使事实性无须表现外在的同时，也让其免遭习以为常、熟视无睹的对待。"[209] 然而，汉德克所指的真正的万物，一旦被作为话题聊起，即成为一种标记（Zeichen），听起来就会不真实和如幽灵一般："森林般暗色的庞大蜜罐，火鸡般大小的老母鸡，别样黄的意面窝（Nudelnest）和意面浇头（Nudelkrone），经常露出食肉动物般的尖嘴又经常如童话里那般肥硕的河

鱼等。"[210] 这个童话世界和媒介世界同样不真实。汉
德克鲜有的规规矩矩的语言本身创造了一种虚幻的
世界。

乱哄哄地充斥在空间里，到处可见又无处可寻
的没有凝重感的媒介物（mediale Dinge），对于汉德
克来说必定也是如幽灵一般。它们已经令卡夫卡十分
苦恼了。对于他来说，媒介就像幽灵，它令这个世
界失真，变得让人无法理解："简单的书信方式都一
定——仅从理论上来看——令世界经历可怕的灵魂
分裂。这简直就是在与幽灵交流……人们怎么偏偏会
有这样的想法：人与人可以通过信件互相交流！人
们可以想起一个远方的人，可以抓住一个近处的人，
然而，其他一切都是超出人的力量的。……书写的
吻没有传达到地方，而是在途中就被幽灵尽数吞噬。
这丰盛的食物使这些幽灵不断地增多。人类意识到
这一点，开始与其斗争，为了尽可能地消除横亘在
人与人之间的幽灵之物，也为了实现自然的交流和

获得灵魂的安宁，人类发明了铁路、汽车以及飞机，然而，这一切都再也无济于事，它们很显然都是在萧条状态下产生的发明，而与人类对立的另一方则更加的安静与强大，他们继信件之后又发明了电报、电话以及无线电报。幽灵不会饿死，而我们终将灭亡。"[211] 卡夫卡所指的幽灵这时又发明了电视、因特网以及电子邮件。这些都是无形的交流媒介，因此像极了幽灵。汉德克本可以因为那些无形的、失重的、绕在整个星球周围的媒介物而说出和卡夫卡一样的话，"我们终将灭亡"。媒介物也使人再也不能真正地去见证（Zeugenschaft）。媒介制造的新闻和图片是不以人的意志为转移而可以自我繁殖的幽灵："这是与幽灵的交流，并且不只是与接信人的幽灵，而且也是同自己身上的幽灵交流，这幽灵，在写信的那只手下成长，在信件的连续性中，即在一封信证实着另一封信，并可将另一封信作为自己这一封的见证的连续性中成长。"[212] 借用汉德克的话来说，一切都可以说成无关实在性的幽灵般的映照：
"过去四年里几乎所有的图片和报道……对我来说，
随着时间的推移，好像越来越只是普遍、习以为常
的目光所及之面（Blickseite）的映照——是我们视觉
细胞自身的反射，无论如何都不是我们的亲眼见证
（Augenzeugenschaft）。"

媒介使人盲目。它们制造了一个无法见证的世界。
它们并不能证实现实。它们伪造并向这个世界做出错
误的映射（ver-spiegeln）。媒介的"策划"使事实性
渐渐消失，而此在则是被抛存在（Geworfen-Sein）。
人的此在要归功于"最高天堂提出的要求"和"对起
支撑作用的地球的保护"[213]。人们应该满足要求并
且由超越人类之物来支撑。人的此在和这个世界都无
法被策划。原因在于他们具有事实性。人由"不可预
思之物"来定音、调谐。原因在于人有事实性。人只
要心存被抛境况和事实性，就会受到保护，不会变成
"策划者"的"奴仆"。海德格尔认为，人类"是自

身本源的倾听者"（Hörige ihrer Herkunft）。《存在与
时间》中所写的使此在忘记了本真生存可能性的娱乐，
也使人类对于本源的语言（Sprache der Herkunft）充耳
不闻："田间路在言说，但只有那些诞生在田间路气
息中的人能够听到它。人类是自身本源的倾听者，却
不是策划者的奴仆。……危险威胁着今天的人们，他
们仅存的听力已难以听懂它的语言。他们只为媒介的
噪声保留耳朵，几乎把这当成上帝的声音。因此人变
得支离破碎并且毫无出路。对支离破碎来说，单纯似
乎只是单调。"[214]

　　"书"与"镜"使人可以听到本源的语言。电
影与电视机则令耳朵对本源的语言失聪。人类变成听
力障碍者和支离破碎者。书是见证。电影则是策划。
"壶"和"犁"指出本源。它们并非"机器"。广播
和电视导致无家可归。海德格尔凭随意的区分构建了
一个本真世界。他所欠缺的恰恰是对这个世界的泰然
任之。其受难的语言因为非常有选择性和排他性而具

有强制性。这种语言听起来不那么令人愉快。属于这
个世界的不仅仅只有"白鹭"与"小鹿",还有老鼠
和米老鼠。

饥饿艺术家

为了到达艺术的殿堂，

为了转入通往她的方向，我几乎想说，

首先必须一再地冲破灵魂方可。

——罗伯特·穆齐尔（Robert Musil）

卡夫卡在一封给马克斯·布罗德（Max Brod）的信中写道："写作是一份甜美绝伦的酬劳，为何呢？深夜里，我就像孩子的直观教学课那般清晰地知道，这是为魔鬼服务的酬劳。"[215] 写作是受难。它以痛苦为前提。这位作家收到的酬劳来自他"被魔鬼折磨、痛打，甚至碾碎"的服务。虽然卡夫卡承认，或许还有"另一种写作"存在，例如，"在阳光下"写些"故事"。但是他自己只知道这种"每当夜里，惧畏不让我入睡的时候"的写作。他就这样生活在"一片不踏实甚至完全不存在的土地上"，"生活在一片黑暗之上，从这黑暗之中，昏暗的暴力随心所欲地猛冲过来，不管我怎样结结巴巴地为自己辩护，它还是摧毁了我的一生"。卡夫卡自问，若不再写作，自己的人生是否会好些，回答是否定的。那样的话，人生会变得"更加糟糕而且完全无法忍受"，必定以"癫狂"（Irrsinn）而终结："这位作家的生命真是离不开写字台，若他要摆脱这癫狂，就绝不可以弃写字台而去，用牙齿也要紧紧地咬在那里。"

　　写作维系着生命，但却是一个不再纯粹的生命："写作养活了我，但说写作维系着我这样的人生是不是更对？"这个作家的生命如同死亡。他不是活着，而是一次又一次地死去。从字面意思上看，他的人生是向死而生："我自始至终都是一把尘土，没有把一点火光变成烈焰，只能用它来照亮我的尸体。"这位作家"对死亡有着恐怖的惧畏，因为他还没有真正活过"。他无法轻松地"搬进家里"。然而，他对死亡的惧畏其实是虚构的，因为他还没真正活过。如果你根本不知道生命的尽头，又怎么会害怕它呢？卡夫卡这样问自己："我凭什么害怕，房子倒塌而我不在家；我知道房子倒塌前发生了什么吗？我不是已移居异地并把房子托付给所有邪恶力量了吗？"

这位作家离开了那座房子，变成了荒漠的游隼："这是一片精神之荒漠。还有在你往日和来日中那些跋涉荒漠的商旅所留下的具具尸体。"[216]这位作家满怀期待，期待到达，期待在家，期待可以想象家的样子："我离开了家，不得不经常书写家信，即使家中的一切早已遁入时间的永恒之中。这所有的写作无异于鲁滨逊插在孤岛制高点上的一面旗。"写作是向着家的写作。它是一场通往最终归宿的朝圣。

写作就是受难。它不停地尝试去拯救，但却背道而驰。可以说，这位作家是在毁灭之中自我拯救。事实表明，拯救就是逃避让自己感到窒息的这个世界和它的光明。这位作家一心想着拯救被掩埋之人，而他自己或许就是这样的人。他就这样活活掉进这种思想的深处，将自己掩埋："并不是你被掩埋在矿山中，大堆的岩石将你这虚弱的个体与世界及其光明分隔，而是你在外面，要穿行来到被掩埋者所在之处，面对巨石却失去了知觉，世界及其光明令你更加无力。你想拯救之人每一刻都饱受窒息之苦，以至于你必得像托勒尔一样苦干，他尚存一口气，你就永远不能停下。"[217]

卡夫卡对世界的态度首先是惧畏（Angst）。这惧畏使人不能对这世界泰然任之。卡夫卡对死亡的惧畏影响了周遭的一切。他因此而惧畏改变，惧畏旅行。只是去照亮尸体的生命已被判决为致命的僵化。卡夫卡陷入了死亡的恶性循环中：他惧畏死亡，因为他从未活过；他没活过，因为他只用生命去照亮尸体。

卡夫卡的作家印象是让人感到矛盾的。作家不仅是痛苦之人，还是面临选择之人（homo delectionis）。因为他并不完全拒绝享乐。写作就是他对魔鬼服务而获得的甜美的报酬。这也许比他所放弃的生活更加甜美。作家自己就是"追求享乐的建构"，他"不停地在自身或外在完形（Gestalt）……周围寻踪觅迹并乐享其中"。他热衷于对美的享受："这就是作家。……我以作家的舒适姿态坐在这里，准备好享受一切美好的事物。"

卡夫卡也是自我享乐的建构。他为自己流泪，为自己戴上桂冠。他用甜美的泪水滋养着自己的尸体："他（作家）死去（或者他没有活），不断地为自己哭泣。"他没有住在这个世界上，而是住在自己心里。这种自我，病态的自我坚持使活着变得没有可能："生活需要的只是放弃自我享乐。"卡夫卡一再懊悔自己没有活过："我本可以活着但却没有活着。"就连懊悔也没能免于自我享乐："人为何有悔，悔为何不已？为了让自己更加美丽可人？是也。"

他所谈及的总是关于享乐，关于自我的享乐或者他人的享乐。他有一处写到，作家是代表人类受苦的人。他是受难者。他将人类所有的罪责都只揽于自身。他代替所有人背负十字架。然而，同时，他又使罪孽（Sünde）变得可以被享受："他是人类的替罪羊（Sündenbock），他允许人类无罪地享受罪孽，几乎无罪。"再一次被提起的是，作家本身就是"追求享乐的建构"。他和人类在要求享乐中彼此相通。

马克斯·布罗德如此回应卡夫卡的作家理论："你关于作家的话——虽然我们是朋友，但是，很显然，我们是不同类型的作家。你在书写某一种消极事物中安慰自己，无论是真实的还是臆想出来的，反正就是一种你所感觉的人生的消极。然而，在不幸中——你至少也能写作。对我而言幸福和写作拴在同一条线绳上。一旦它断了（哦，它如此不结实！），我就会穷困潦倒。在这种状态下，我宁愿可以扼杀自己也不要继续写作。你会说写作是你扼杀自己的方法等等——然而，这不是同一类事。因为这种扼杀的方式恰好我根本不知道。而且，我只有在处于精神非常平衡的状态下才能写作。这种平衡当然并没有大到让写作于我而言无足轻重。在此，我们彼此深以为然。"[218] 卡夫卡对此回应道，他对幸福和写作有截然不同的态度，他逃避幸福是为了写作："态度差异肯定存在，当哪一天不是通过写作和与之有关的事情而获得幸福时，（我不知道，我是否曾幸福过）而恰恰在写作上无能为力，这时车还没开便翻了，因为对写作的渴望无论在哪里都大大重于其他。然而，以此并不能推断出基本的、与生俱来的、崇高的作家品质。"[219] 他放弃幸福并不"崇高"，因为他抵押掉幸福是为了一种称为写作的、更高级的享乐。他对享受的追求使他的尸体都被折算为资本。因此，他对死亡的惧畏或许来自认为死亡是追求享乐的完全他者的想法："我的人生比别人的更加甜美，我的死亡也会因此更加恐怖。"这样看来，在以"消极"为基础的写作和与幸福相融的写作二者之间，并不存在原则上的区别。卡夫卡为了可以带来更高级享乐的写作而斋戒。他狂热地顺服于斋戒，顺服于饥饿。

卡夫卡的《饥饿艺术家》讲述了作家的受难故事。小说一开始就对当时的时代做出诊断："饥饿艺术家们近年来明显受到冷落。"人们生活在一个对饥饿受难，确切地说，是对受难越来越没有兴趣的时代。另一方面，饥饿"受难者"的受难也不是纯粹的受苦，因为放弃进食是令他快乐的："因为，他自己明白，饥饿表演多么简单，这一点新手恐怕不会知道。饥饿表演简直是世上最容易的事。他对此直言不讳，但人们不相信他，人们至多把他当作一个谦逊的人，可是，大多数人认为他无非是制造噱头而已。"这位饥饿艺术家遭受的主要是饥饿表演违背自己意志而总是必须提前结束的痛苦。饥饿表演结束之后唯一的不足之处是"提前结束表演的结果"。饥饿表演的时间仅仅是出于对宣传策略的考虑来确定的。这种广告宣传现在完全掌控了受难。这样一来，饥饿艺术家也受此约束，并被说成"制造噱头"。艺术家首先必须尽可能地吸引"观众"的注意力："经理将最长的饥饿期限定为四十天，超过这个期限便不允许，甚至在国际性大都市也不行，并且这还有个很好的理由。经验证明，保持在四十天左右，公众的兴趣会在持续高涨的宣传作用下得到激发，但超过这个期限，城市居民便开始丧失兴趣，公众支持率便出现大幅度的下滑。"饥饿受难作为娱乐会受到宣传的制约。

那些"追求娱乐的人群"的兴趣不断消减。人们对饥饿受难，根本就是对受难的心不在焉的兴趣使饥饿艺术家流落到马戏团。在兽场旁边的笼子里，饥饿的受难者勉强维持着自己寒酸的生存状态，直到他在这里也完全被遗忘。人们对饥饿受难的兴趣丝毫不复存在："在当今时代人们还要为一个饥饿艺术家劳神费心，对此等怪事人们已经习以为常了，而正是这种见怪不怪的态度宣判了饥饿艺术家的命运。他可能是拼尽全力在做饥饿表演了，他也的确这么做了，但已经无药可救了。人们直接从他身边扬长而过，视若无物。试着向人们解释饥饿艺术吧！"他受难所在的笼子现在终于成了"通往兽场途中的障碍"："有一天，这个笼子引起了一位主管的注意，他质问侍者为什么让这么完美精致的笼子放在那里弃之不用，却装着沤烂的稻草。无人知道为什么，直到一个人凭借计数板上的数字才想起饥饿艺术家来。他们用一根棍子朝稻草里四下捅了捅，发现饥饿艺术家还在里面。'你还在继续挨饿吗？'那个主管问。"为什么必须挨饿，为什么不能做些别的，对于主管的问题，饥饿艺术家有气无力地对主管附耳细语，讲了一段耐人寻味的自白："因为我找不到适合我胃口的食物。假如我找到这样的食物，请相信我，我绝不会招人参观，当众出丑，我会像你或其他任何人一样大吃大喝，塞满我的身体。"他的饥饿艺术被揭示为一种具有否定性的艺术。它否定所有食物。他对所有存在的东西说不。然而，这种否定性并未引起纯粹的受苦。在此基础之上产生的恰恰是幸福，因为他如痴如醉地顺服于饥饿的艺术。

有关饥饿艺术家的受难故事就以这段耐人寻味的自白结束。人们将他连同稻草一同埋掉了。笼子里放进了一只小黑豹。黑豹进笼让相关的人如释重负，"即使感觉最迟钝的人也能感受到"。这只吃得很好的豹子成了那位饥饿受难者，其实就是受难的对立面。黑豹从咽喉部位吼出对生命的无欲无求的欢乐："看守者无需多虑就给它送来它喜欢的食物；它看起来也丝毫不想念自由；它那高贵的、具备一切所需的，几乎达到了爆发点的身躯看起来似乎把自由也随身带着；那自由仿佛就藏在它利齿的某处；生命的欢乐从咽喉部位吼出强烈的激情，对观众来说，承受住它的欢乐并不容易。可是，他们克制住自己，挤在笼子周围，丝毫不肯离去。""追求娱乐"的人群现在蜂拥着涌向幸福的豹子，这个马戏团的新景观。他们在从这只动物的喉咙里带着强烈激情吼出的生命的快乐中找到了共鸣。生命对享乐主义的赞同显然使具有否定性的受难停息下来。

无论是享乐的动物还是饥饿艺术家都存在于禁锢之中。显然，这禁锢并未让谁不能感受到幸福。也许幸福还要以禁锢为前提。年轻的豹子使没有受难的幸福直观化，这种幸福就是无欲无求的、从生命中感受到的欢乐，而藏在它利齿某处的自由无疑是奇怪和荒诞的。然而，饥饿受难者的自由，即否定一切的自由，也大有问题。享乐动物从享受食物的消化中获得的幸福比通过否定而获得的幸福要更真实、更真诚。

受难艺术似乎永远都是一种饥饿艺术，这种艺术将对所有存在者的否定转变为享受。饥饿受难者因否定自己的此在而获得"甜美绝伦的报酬"。饥饿艺术家和享乐动物原则上并无区别，追求幸福的强制性将他们紧紧联系在一起。

泰然任之

好的娱乐是

人们为了忘记上帝的缺席

而为自己谋求的一种手段。

乔治·斯坦纳（George Steiner）所提出的艺术概念具有强调性。艺术是一种超越性和形而上学，它的内在则具有宗教色彩。艺术让我们得以和"超越性"事物"完美接触"[220]。艺术"成为形式的主显节"，"微光透露"[221]。任何一种有"强制范围"的艺术——斯坦纳明确提到了卡夫卡——都"指向""一种先验维度"，"一种所经历的明确的事物——也就是具有仪式性、宗教性以及启示性的事物——抑或一种含蓄的、在超越内在的和纯世俗领域之外存在的事物"[222]。对于"陌生事物的预见性气息"[223]赋予艺术以灵魂。艺术性始终存在于"他者性"（Andersheit）即"惊恐之预兆"[224]中。艺术让我们感受到，"我们与未知事物紧密相邻"[225]。

斯坦纳也认为，艺术是受难。只有受难才有超越的机会："不管我们愿意与否，那些扣人心弦又普遍存在的费解，以及构成人类核心的去追寻的指令（Imperativ）都使我们同超越性紧密相邻。诗歌、艺术和音乐是这种相邻关系的媒介。"[226]艺术家都是痛苦之人。斯坦纳认为，"认知性知觉和存在于形而上表象的游戏以及诗歌和音乐中的形象"向人们讲述着"痛苦与希望"，讲述着"味同尸味的肉体"。对于尸体的哀悼是艺术创作的动力源泉。所有的艺术表现形式也都可以被看作受难形式。它们源于"无限的等待与期盼"[227]。作为受难的纯粹艺术始终保持着对死亡的缅怀。这种"严肃性"（Ernst）的产生则源自向死而生（Sein zum Tode）。对于死亡无畏的抵抗使得艺术成为受难。相反，娱乐则具有内在性。它没有被赋予形而上学的潜力，因此娱乐是短暂的、转瞬即逝的。

就艺术的神学化而言，阿多诺虽十分赞同斯坦纳，但其想法却与后者大相径庭。尽管阿多诺有着对纯粹受难的偏爱，但他也认识到了艺术和娱乐之间存在某种程度的交汇点。再次引用他的话说："完全不受束缚的娱乐不仅仅是艺术的对立面，同时也是艺术自身所能触及的一种极限状态。"当娱乐不受束缚发展成为受难时，它就触及了艺术的领域。无论是艺术的神学化升华还是娱乐的神学化释放，都缺少一种泰然任之的境界。纯粹的有意义与无意义都是接近一种歇斯底里的状态。

艺术史并不一定是受难史。痛苦、恐惧和孤独对于艺术的形式创作来说不是唯一的推动力。艺术的现时性（Gegenwart）不必在于指向超越性。内在性艺术或短暂性艺术并不矛盾。这种艺术的内在存在着截然不同的对待死亡和有限性（Endlichkeit）的态度。它的表现既非对被照亮的尸体的反射，亦非对死亡无谓的抗争。卡夫卡式的死亡受难，不得不由确信的无罪感取而代之。罗伯特·劳森伯格（Robert Rauschenberg）在一次谈话中解释了他对死亡的态度："芭芭拉·罗丝：在你的画作中不存在死亡。……有趣的是，你在不断开拓自己艺术工作新领域的生涯里，从未触及有关死亡的画作。罗伯特·劳森伯格：我总说，死亡和生命无关。这是两个截然不同且理应不同的事物。若生命无罪，那它就应该如此。无罪不意味着拥有贞洁（Jungfräulichkeit）。贞洁仅能为人拥有一次，而无罪感则每天都要保持。"[228]

　　对于劳森伯格来说，艺术的定义未超出这个世界，未"超出内在的和纯世俗的领域之外"。他的艺术是内在性艺术，这种艺术不会脱离这个世界。泰然任之的友好和对待世界的"温柔"（Zärtlichkeit）是这种艺术的特点："没错。下一个层次就是温柔。就算它是老生常谈（eine alte Dose），也不妨碍我爱上它。"[229] 劳森伯格的内在性艺术存在于日常的、短暂的、暂时的事物中，同时也以桂冠装点和美化了它们。假如他的艺术具有宗教性，那么这种宗教也是内在性或者日常性的宗教。我们应该去探索那种日常的、不起眼的和短暂性事物的精神性。这位艺术家将世界翻了个底朝天，最终亲切地回归了日常性事物，并讲述着它们的故事："当一件衬衫被置于阳光下或者人们穿着衬衫去游泳又或一条狗躺在衬衫上睡觉时，这件衬衫会发生变化，这样的体验我甚是喜欢。我喜欢对象物体的故事。"[230] 劳森伯格一再与超越性艺术及其形而上学—宗教的矫揉造作的激情保持距离。那种巴尼特·纽曼（Barnett Newman）特有的真理受难，会让他感觉很诧异。纽曼认为，艺术的任务就是"在虚无（das Nichts）中取得真理"[231]。

艺术即人生。人生意味着放弃"自我享乐"（Selbstgenuss），就这一点而言，卡夫卡在某种程度上是对的。我们必须避免自我（Ich）的一再出现："我不希望，在画里，我的个性变得清晰。因此，我总是让电视开着，让窗子开着。"[232] 劳森伯格让窗子开着，这样就不会有统一的内在性（monadische Innerlichkeit）禁锢住望向世界的目光。电视机去除了自我的内在性，将自我引向世界。它去除了自我的受难性。电视机仿佛是一种可以令人享受本真娱乐的工具。人们会自发地转向这个世界。劳森伯格显然是利用了电视机在精神方面的影响作用。艺术明确地将人们引向这个世界。开着的窗子是对整体沉沦于无世界（weltlos）的内在性的抵抗。艺术不必归因于看向死亡却无以消散的生命。与那些只画自己的噩梦，只局限于并美化自己内心世界的艺术家不同，劳森伯格说道："我认为，当我工作的时候，我会环顾四周并且感知我周围的事物。当我感知并接触和触动某种事物的时候，创作也就开始了。"[233] 艺术家们要把注意力从自我转向外部世界的事物。这种转向也会深入到肉体："我要让我的身体、头脑和思想从自我中释放出来。"[234] 然而，卡夫卡却没能做到："通过写作我没有把自己赎回来。我一辈子都是作为死人活着的，现在我将真的要死了。"[235] 卡夫卡深陷对死亡的恐惧，这与过度强调自我不无关系："此外，我必须摆脱恐惧。唯有如此，来自肉体的全部能量才能自由地释放。我认为，恐惧和自我是一样的。或许两者本就同源。"[236]

　　不那么自我意味着更多关注世界。不那么恐惧意味着更加泰然任之。劳森伯格对娱乐的轻松态度建立在对世界的泰然之上："我喜欢看电视并且总是让它开着。我不喜欢人们不断更换电视节目并由此中断正在播出的节目。我宁愿将一个糟糕的节目自始至终看完。"[237] 劳森伯格想要指出，娱乐也是这世界的一部分，电视机也是通往世界的一扇窗，因此，他才会让电视一直开着，就像他让窗子一直开着那样，人们会赞同娱乐，但不会迅速被它征服。他的箴言说明了一切："芭芭拉·罗丝：你真的需要看看这一切，将一切都吸纳进来。罗伯特·劳森伯格：我认为，正是如此。芭芭拉·罗丝：但也要不排除任何可能性。一切都得被吸纳进来——吸纳而不是排除。"[238] 友好也意味着"吸纳一切"。劳森伯格的艺术尊崇的信条是：友好地接纳这个世界和世界上的万物。相反，受难性艺术是具有选择性或排他性的。它并不友好。劳森伯格的友好性艺术展示了另一个世界，另一种既没有受难艺术也没有娱乐的日常。不管是受难还是娱乐，二者都不知道何为友好的自我审视。它们都带有一种盲目性，都不知道何为对世界泰然任之的友好。

劳森伯格的友好艺术融入世界之中。它能够通达世界。从这点来看，可能并不存在绝对的艺术的优先性。电视机也是了解世界的通道和窗子，劳森伯格因此而让这窗子一直保持开着的状态。就连电视节目也是包罗世界万象。劳森伯格或许是反对海德格尔的，他认为电视并不一定意味着世界贫困（Weltarmut），而海德格尔所指的世界本身就是一种自我穷困，它排除很多事物，在海德格尔的思想中有一种特别的隐遁避世（Weltferne），他不知何为泰然处世。即便 15 年后，他对电视的态度也没有发生根本性的改变。只有越发临近自己的死亡让他感到不安："在每一个房间里都有一个 24 小时不停运转的电视机。……我就是需要它们。如果它们都停止运转，那情况可能就会如同死亡一般。我可能就要同这世间的一切分隔两处，那么与我相伴的就只剩艺术了。"[239]

娱乐之元理论

请享受这个时代。

——《时代周刊》(*DIE ZEIT*)

何为娱乐？如何解释现在娱乐似乎紧跟所有事物之后的现象——信息娱乐、教育娱乐、伺服娱乐、辩论娱乐、记录性娱乐？[240] 是什么制造了娱乐越来越多的"混合模式"(Hybridformat)呢？如今被津津乐道的娱乐只是一个出于某种原因当下虽然意义非凡，但并不意味着由此会有完全新鲜事物诞生的早已为人熟知的现象吗？有一份调研如是写道："人们可以随心所欲地曲解和解释：人类就是喜欢消遣——独自、和他人、消遣他人、消遣上帝和世界。他们十分醉心于惊险刺激的故事、五彩缤纷的图像、扣人心弦的音乐和各种形式的游戏——简单来说：他们醉心于交际的灯光（communication light），醉心于没有严苛的要求和规矩又无人强迫的参与。也许一直都是如此，可能还会继续如此，就像我们在获得快乐（Lustgewinn）和交际方面已被编好了程序。"[241] 如今，娱乐的无处不在表明了这是平凡事件，不是什么罕见的、不曾有过的本有（Ereignis）吗？抑或给今天（Heute）打上标记或构成了今天的那些不同寻常的东西要出现了吗？"一切都是娱乐——当然啦。"[242] 然而，事实并非这般"当然"。如今，一切都将成为娱乐，并不是理所应当的事。这是怎么回事？这与某种范式转变（Paradigmenwechsel）有关吗？

人们曾经多次尝试去定义娱乐。然而，娱乐现象看起来似乎在顽固地逃避被打上概念性的标记。这样一来，对于概念的确定，人们便无计可施。摆脱这一困境仅仅通过现象的历史化（Historisierung）是行不通的："以历史性发展入手往往很有用，因为大多数情况下要比从定义入手更有启发性。娱乐就像其他众多的现象一样都开始于 18 世纪，因为从现代意义上所理解的工作与空闲时间（Freizeit）的区分也是在 18 世纪才形成。"[243] 因此，贵族不需要娱乐，因为他们不从事常规工作。贵族们做的事情，如听音乐会或者看剧，"更像是集体活动而不是娱乐"。不做常规工作意味着：没有空闲时间。没有空闲时间意味着：没有娱乐。根据这一论点，娱乐就可以被定义为人们用来填充业余时间的活动。正是娱乐现象的这种含蓄定义构建了其自身所谓的历史事实性。矛盾的是，人们在使定义变得多此一举的历史化之前就去定义一种事物。娱乐一直存在，这种论点更令人信服，至少它不矛盾："希腊人不仅会演剧，也会像珀涅罗珀（Penelope）的追求者那样用里拉琴来演奏地狱音乐；

当奥德修斯（Odysseus）被海浪冲上沙滩时，娜乌西卡（Nausikaa）[1]正在高兴地和朋友们玩着球。中世纪的王室不仅捐赠修建修道院，也养活小丑。"[244] 希腊人或罗马人不懂娱乐，这样的论断并无意义，因为当时工作与休闲之间并无分界。

娱乐的无处不在不能简单地归因于：空闲时间的不断增加以及娱乐随着空闲时间的增加变得越来越重要。今天的娱乐现象的特点在于它远远超越了空闲时间的现象。例如，寓教于乐原本与空闲时间并无关系。娱乐的无处不在表现为娱乐的绝对化，这恰恰消除了工作和空闲时间之间的界限。实验室娱乐（Labotainment）或神学娱乐（Theotainment）之类的新词或许也并不矛盾。道德也许可以称为通信娱乐（Allotainment）。一种偏好文化（Kultur der Neigung）就如此诞生了。将娱乐归于 18 世纪的历史并未完全

---

1 在《奥德赛》中，娜乌西卡对被海浪吹来的奥德修斯非常友好，甚至许愿下嫁于他。

切中当今娱乐现象的历史特征。

现在，人们经常指出娱乐是无处不在的："描述奇特、定义模糊的'娱乐'首先是一个中性和开放的概念。信息也可以具有娱乐性，还有知识、工作，乃至世界本身。"[245] 世界本身具有怎样程度的娱乐性呢？这预示着会产生对世界或现实的新式理解吗？娱乐概念的描述或模糊是否会指向使娱乐绝对化的特殊本有（Ereignis）呢？如果工作本身不得不具有娱乐性，那么娱乐也就完全脱离了与历史上的、18 世纪出现的空闲时间之间的关系。娱乐远不仅是打发空闲时间的活动。我们或许可以把它理解为认知性娱乐，这种知识与娱乐的混合式结合并不一定与空闲时间相关。确切地说，这种结合表达了一种对知识的完全不同的态度。认知性娱乐与受难性认知是对立的，这种认知出于自身目的被神话，即被神学化或目的化。

对于卢曼来说，娱乐也只不过是具有打发空闲时间功能的"现代休闲文化的组成部分"[246]。卢曼在定义娱乐时遵循的是戏剧的模式。娱乐犹如戏剧；就"插曲"而言，在戏剧一样的娱乐中所理解的实在性，是有时间局限性的："这与向另一种生活方式过渡毫无关系。人们只是暂时这么做，并未放弃其他机会，或者并不能因此摆脱其他负担。……它〔戏剧〕每每都将自己标记为游戏；而当它突然变得严肃时，可能会随时崩塌。就如同猫跳上了棋盘。"[247] 显然，卢曼也忽略了今天娱乐现象的新奇之处。娱乐已打破时间和功能上的局限性。它不再仅仅是"暂时性"的，而是变得似乎持续不断。也就是说，它看起来不仅涉及空闲时间，还涉及时间本身。所以猫和棋盘之间并无差异。猫自己沉迷在这游戏之中。也许，娱乐的绝对化在其无处不在的背后正缓慢进行。如此看来，娱乐并不只是一个插曲，而是要在这绝对化的过程中创造一种新的"生活方式"，一个新的世界及时间体验。

卢曼认为，系统借助二进制代码构建了它自己的现实性（Wirklichkeit）。例如，对科学系统来说，

有决定性意义的就是去区分真实和不真实（wahr/
unwahr）。二进制代码来决定，什么是现实的。新闻、
广告以及娱乐都属于大众传媒系统，借助二进制代
码，大众传媒系统在区分信息和非信息（Information/
Nichtinformation）方面进行操作："每个领域都会使
用这种信息 / 非信息码，尽管执行方式不同，但是它
们会根据选择信息的标准来加以区分。"[248] 娱乐根据
与新闻或广告不同的标准来选择信息。这种信息 / 非
信息的二进制代码太普通、太模糊，所以不能使娱乐
抑或大众传媒的特殊性得以凸显，因为卢曼认为，信
息对于交际来说绝对是有决定性意义的。然而，信息
并不是大众传媒的特点。所有的交际都以选择、传达
和理解信息为前提。此外，娱乐作为大众传媒的一部
分掌控着边缘化的此在。因此，卢曼无法理解或解释
娱乐的无处不在，它让娱乐远远超出了大众传媒的
范畴。

例如，卢曼将娱乐归为大众传媒系统，而教育娱

乐（Edutainment）不仅仅局限在这种大众传媒系统。然而，教育娱乐原本属于教育系统。现在，娱乐似乎对接每个社会体系并对其进行相应的调整，以便这些体系形成自己的娱乐形式。恰恰是信息娱乐模糊了作为大众传媒的两个分支的新闻和娱乐之间的界限。卢曼的系统论无法理解那些混合模式。现在，娱乐突破了那种把它与新闻区别开来的"虚构的封闭性"。此外，所给定的可以显示出是娱乐还是游戏的"外边框"[249]并不总是清晰的。世界本身可能会变成棋盘。猫的跳跃可能也只是一着儿棋。"显示屏"的边框虽然将电影标记为娱乐，但它也把新闻囊括其中。外边框的一致性导致娱乐和新闻的混杂。娱乐在"真实的现实"和"虚构的现实"之间划分出的界限也越来越模糊。娱乐早已控制了"真实的现实"。娱乐已然改变了整个社会体系，但对自己的参与却故意没有做出标记。一个与世界共存的超系统似乎就这样建立起来。娱乐性/非娱乐性的二进制代码作为超系统的基础必须决定什么具有处世能力（weltfähig），什么没有，即要决定什么是存在者。

　　娱乐升华成为一种新式范例，一种新式世界及存在的形式。为了存在，为了成为这个世界的一部分，就必须要有娱乐性。只有具有娱乐性的事物才是实在的抑或现实的（real oder wirklich）。卢曼的娱乐概念坚持认为虚构及真实的现实之间具有差异，这种差异现在已不再重要。现实本身似乎就是娱乐的结果。

　　娱乐的绝对化可能对于受难精神来说就是沉沦。然而，受难和娱乐归根结底是亲密无间的。目前的研究多次指出，二者之间隐含着趋同性。卡夫卡笔下的受难角色饥饿艺术家和享乐的动物虽然对存在和自由有着不同的理解，但却可以共居一笼，这绝非巧合。他们或许就是马戏团中的两个角色，始终可以轮番登场。

注　释

[1] Gerber, Christian: *Historie der Kirchen-Ceremonien in Sachsen*. Dresden 1732, S. 284.

[2] Ebd., S. 283.

[3] Zit. n. Terry, Charles Sanford: *Johann Sebastian Bach*. Frankfurt a. M. 1985, S. 154.

[4] Gurlitt, Wilibald: *Johann Sebastian Bach*. Kassel 1980, S. 54.

[5] Gerber: *Historie der Kirchen-Ceremonien in Sachsen*, S. 282.

[6] Ebd., S. 289.

[7] Ebd., S. 279.

[8] Ebd.

[9] Ebd.

[10] Ebd., S. 285.

[11] Ebd., S. 288 f.

[12] Vgl. Bunners, Christian: *Kirchenmusik und Seelenmusik. Studien zu Frömmigkeit und Musik im Luthertum des 17. Jahrhunderts*. Göttingen 1966, S. 65.

[13] Ebd., S. 129.

[14] Vgl. Busch, Gudrun/Miersemann, Wolfgang（Hg.）: »Geistreicher« Gesang. Halle und das pietistische Lied. Tübingen 1997, S. 205.

[15] Großgebauer, Theophil: *Drey Geistreiche Schriften. Wächterstimme aus dem verwüsteten Zion*. Band 1, Frankfurt 1710, S. 215.

[16] Ebd., S. 192.

[17] Ebd., S. 191.

[18] Vgl. Busch/Miersemann（Hg.）: »Geistreicher« Gesang, S. 102.

[19] 埃米尔·普拉滕指出了这个"不寻常的事实"，那就是巴赫用书法的字迹在乐谱扉页上突出强调了此书的编剧。Vgl. Platen, Emil: *Die MatthäusPassion von Johann Sebastian Bach*. Kassel 1991, S. 72.

[20] Liliencron, Rochus Freiherr von: *Allgemeinen Deutschen Biographie*. Band 11, Leipzig 1880, S.784.

[21] *BachDokumente*. Hg. v. *Bach-Archiv Leipzig*. Band 1, Kassel 1963, S. 334.

[22] Vgl. Niedt, Friedrich Erhard: *Musicalische Handleitung*. Hamburg 1710, Kapitel II.

[23] Vgl. Platen: *Die MatthäusPassion*, S. 218.

[24] Vgl. Geck, Martin: *Die Wiederentdeckung der Matthäuspassion im 19. Jahrhundert. Die zeitgenössischen Dokumente und ihre ideengeschichtliche Deutung*. Regensburg 1967, S. 40.

[25] Nietzsche, Friedrich: *Briefe*. Band 1, Berlin/New York 1977, S. 120.

[26] Vgl. Nietzsche, Friedrich: *Menschliches, Allzumenschliches*.

Kritische Studienausgabe. Band 2, Berlin/New York 1988, S. 614 f.

[27] Nietzsche, Friedrich: *Jugendschriften*. Band 1, München 1994, S. 26 f.

[28] Nietzsche, Friedrich: *Der Fall Wagner. Kritische Studienausgabe*. Band 6, Berlin/New York 1988, S. 16.

[29] Ebd., S. 13.

[30] Nietzsche, Friedrich: *Nachgelassene Fragmente 1885–1887. Kritische Studienausgabe*. Band 12, Berlin/New York 1988, S. 344.

[31] Ebd., 361.

[32] Nietzsche, Friedrich: *Nachgelassene Fragmente 1887—1889, Kritische Studienausgabe*. Band 13, Berlin/New York 1988, S. 496.

[33] Platon: *Nomoi*, 700e.

[34] 根据媚俗理论，这句妩媚的表达"我的耶稣，晚安！"或者一个缩小词"小耶稣"（"哦，甜美的小耶稣啊。"巴赫《谢梅利赞美诗歌曲集》，《巴赫作品集》第 493 首）都证明，这里涉及的是一种宗教性的媚俗享受。"这种宗教媚俗提供了媚俗天才们的真正的宝库，在这里人们可以带着讨好的多愁善感而不是神秘的恐惧感（鲁道夫·奥托）去邂逅最先验的人——上帝，圣者。上帝作为完全他者，成了'亲爱的上帝'、'可爱的'或者'惹人喜爱的'上帝。"（Vgl. Giesz, Ludwig: *Phänomenologie des Kitsches*. München 1971, S. 45.）

[35] Heine, Heinrich: *Reisebilder. Historischkritische Gesamtausgabe*. Hamburg 1986, S. 48.

[36] Schumann, Robert: *Gesammelte Schriften über Musik und Musiker*. Band 1, Leipzig 1914, S. 127.

[37] Hoffmann, E. T. A.: *Schriften zur Musik*. München 1977, S. 366.

[38] Wendt, Amadeus: *Rossini's Leben und Treiben*. Leipzig 1824, S. 394 f.

[39] Wagner, Richard: *Publikum und Popularität. Gesammelte Schriften und Dichtungen in zehn Bänden*. Band 10, Berlin 1914, S. 76.

[40] Ebd., S. 75 f.

[41] Wagner, Richard: *Oper und Drama. Gesammelte Schriften*. Band 3, Berlin 1914, S. 280.

[42] Ebd., S. 255. 贝尔恩德·思波霍尔在他的专著《作为艺术和非艺术的音乐》(卡塞尔，1987)中详细地探讨了贝多芬—罗西尼之争。

[43] Ebd., S. 312.

[44] Schopenhauer, Arthur: *Die Welt als Wille und Vorstellung. Sämtliche Werke*. Band 1, Wiesbaden 1949, S. 309.

[45] Wendt: *Rossini's Leben und Treiben*, S. 324.

[46] Zit. n. ebd., S. 327. 格里帕泽在他的自传中回忆道，罗西尼做出不再作曲的决定，主要是因为再也没有会"唱歌"的人了。

[47] Ebd., S. 325.

[48] Ebd., S. 343.

[49] Ebd., S. 237 f.

[50] Zit. n. ebd., S. 342.

[51] Hegel, Georg Wilhelm Friedrich: *Briefe*. Band 3, Hamburg 1954, S. 65.

[52] Hegel, Georg Wilhelm Friedrich: *Vorlesungen über die Ästhetik III*. Werke in zwanzig Bänden. Band 15, Frankfurt a. M. 1970, S. 210.

[53] Hegel, Georg Wilhelm Friedrich: *Vorlesungen über die Ästhetik I*. Werke in zwanzig Bänden. Band 13, Frankfurt a. M. 1970, S. 20.

[54] Ebd., S. 20 f.

[55] Ebd., S. 24.

[56] Ebd., S. 25.

[57] Hegel: *Briefe*, S. 73 f.

[58] Hegel, Georg Wilhelm Friedrich: *Jenaer kritische Schriften*. Werke in zwanzig Bänden. Band 2, Frankfurt a. M. 1970, S. 128.

[59] Hegel: *Briefe*, S. 71.

[60] Nietzsche, Friedrich: *Die fröhliche Wissenschaft, Kritische Studienausgabe*. Band 3, Berlin/New York 1988, S. 435.

[61] Adorno, Theodor W.: *Gesammelte Schriften*. Band 19, Frankfurt a. M. 2004, S. 548.

[62] Wagner: *Oper und Drama*, S. 249 f.

[63] Ebd., S. 260.

[64] Ebd., S. 250.

[65] Ebd., S. 60.

[66] Ebd., S. 254.

[67] Ebd., S. 158.

[68] Ebd., S. 250.

[69] Nietzsche: *Die fröhliche Wissenschaft*, S. 435.

[70] Wagner: *Oper und Drama*, S. 255.

[71] Wagner, Richard: *Das Kunstwerk der Zukunft*. Gesammelte Schriften und Dichtungen. Band 3, Berlin 1914, S. 48.

[72] Ebd., S. 44.

[73] Ebd., S. 49.

[74] Ebd., S. 50.

[75] Ebd., S. 54.

[76] Nietzsche, Friedrich: *Nachgelassene Fragmente 1875—1879. Kritische Studienausgabe*. Band 8, Berlin/New York 1988, S. 242.

[77] Nietzsche, Friedrich: *Morgenröthe. Kritische Studienausgabe*. Band 3, Berlin/New York 1988, S. 253.

[78] Nietzsche, Friedrich: *Nachgelassene Fragmente 1880—1882. Kritische Studienausgabe*. Band 9, Berlin/New York 1999, S. 152.

[79] Adorno, Theodor W.: *Minima Moralia. Reflexionen aus dem beschädigten Leben*. Gesammelte Schriften. Band 4, Frankfurt a. M. 2004, S. 135.

[80] Adorno, Theodor W./Horkheimer, Max: *Dialektik der Aufklärung*. Frankfurt a. M. 1969, S.150.

[81] Vgl. Sponheuer, Bernd : *Musik als Kunst und Nicht – Kunst, Untersuchungen zur Dichotomie von ›hoher‹ und ›niederer‹ Musik im musikästhetischen Denken zwischen Kant und Hanslick.*Kassel 1987. 艺术在被权力和统治阶级利益占据的地

方，也会被等级化。但在东亚文化圈，艺术并不一定会被权力和统治阶级的利益占据。东亚美学思想并不适合作为权力的代表，因为，与柏拉图美学不同的是，东亚美学展现的不是完美或者永恒的东西。佗（wabi）——日本生活美学的标志——恰好指出不完整、短暂和易逝才是美的。因此，美的并不是盛开的樱花，而是落英缤纷的瞬间："倘若无常野的露水和鸟部山的云烟都永不消散，世上的人，既不会老，也不会死，则纵然有大千世界，又哪里有生的情趣可言呢？世上的万物，原本是变动不居、生死相续的，也唯有如此，才妙不可言。"（吉田兼好：《徒然草》，奥斯卡·本尔译，法兰克福，1985，第10页。）没有哪位统治者愿意认同美的短暂易逝的表象。就连著名的茶艺大师千利休也意识到，茶碗应该看上去并"不完美无瑕"。他不理解那些"会为一个极小的错误动怒的人"。（Sokei Nambô, »Auf zeichnungen des Mönchs Nambô«, in: Toshihiko und Toyo Izutzu, Die Theorie des Schönen in Japan, Köln 1988, S. 176–202, hier S. 188.）

[82] Vgl. Krusche, Dietrich（Übers.）: Haiku. Japanische Gedichte. München 1994, S. 121："没有禅，俳句是无法想象的，当然，对于日本的禅文化来说，几乎没有比俳句更有效的文学明证（Zeugnis）了。"

[83] Blyth, Reginald H.: Haiku. Band 1, Tokyo 1949/52, vii.

[84] Barthes, Roland: Das Reich der Zeichen. Frankfurt a. M. 1981, S. 110.

[85] Ebd., S. 108.

[86] Ebd., S. 113.

[87] Ebd., S. 102.

[88] Sôkan（1394—1481）, in: *Ulenbrook, Jan（Übers.）: Haiku.* Stuttgart 1995, S. 240.

[89] Teitoku（1571—1654）, in: ebd., S. 242.

[90] 关于社交聚会的作品也是松尾芭蕉著名的俳句："古池塘 / 青蛙跳入 / 水音响⋯⋯"若仔细听，这段俳句还有一种幽默的元素。松尾芭蕉下面这一小段俳句也指出了解悟的意思："蚤虱横行，枕畔又闻马尿声。"

[91] Vgl. Pörtner, Peter: »*mono. Über die paradoxe Verträglichkeit der Dinge. Anmerkungen zur Geschichte der Wahrnehmungen in Japan*«, in: Eber feld, R./Wohlfahrt, G.（Hg.）: *Komparative Ästhetik. Künste und ästhetische Erfahrungen zwischen Asien und Europa.* Köln 2000, S. 211–226, hier S. 217："日本美学是一种世界观和生活方式。这儿的艺术以传统的方式被'嵌'入日常生活，远比西方艺术更接地气；这意味着，从西方意义上讲，这完全不是艺术。"

[92] 在日本，儒家伦理道德对艺术的影响比在中国或韩国要小得多。这种情况或许是由于日本人对生活世界美学化的强化。

[93] 例如中国绘画很少表达对社会的批判。Vgl. Goepper, Roger: *Vom Wesen chinesischer Malerei.* München 1962, S. 101.

[94] Schiller, Friedrich: *Gedanken über den Gebrauch des Gemeinen und Niedrigen in der Kunst.* Sämtliche Werke. Band 5, München 1962, S. 537.

[95] Wagner: *Oper und Drama*, S. 255.

[96] 色情图画的制作构成了浮世绘画家及其出版商的经济基

础。色情图画虽然一再被禁止，但是直到 1869 年，也就是在仓促地接受西方伦理观的进程中，才以伤风败俗为由真正被禁止。 Vgl. Schwan, Friedrich B.: *Handbuch japanischer Holzschnitt*. München 2003, S.528.

[97] 在江户时代，浮世是一种普遍的心态。面对人世的短暂和易逝，不回避，不断念，而是以一种对生活的热情和乐于享受的态度去应对。就连浅井了意也在他的小说《浮世物语》中大力强调这种享乐主义的生活方式。这种粗俗且幽默的、由浮世画家配图的娱乐文学，人们称之为浮世草子。Vgl. Schwan: *Handbuch japanischer Holzschnitt*, S. 89.

[98] Cézanne, Paul: *Über die Kunst. Gespräche mit Gasquet. Briefe*. Hamburg 1957, S. 73.

[99] Ebd., S. 70.

[100] Ebd., S. 81.

[101] Vgl. Goepper, Roger: *Meisterwerke des japanischen Farbenholzschnitts*. Köln 1973, S. 13.

[102] Stifter, Adalbert: *Werke und Briefe*. Historischkritische Gesamtausgabe. Band 2, Mainz 1982, S.9.

[103] Adorno/Horkheimer: *Dialektik der Aufklärung*, S. 153. 阿多诺的文化批判自鸣得意于对现存的盲目否定。每一种肯定都相当于思想的投降。阿多诺认为，"意向娱乐的解放"是"思想的解放，而不是否定的解放"。

[104] Vgl. Bashô: *Auf schmalen Pfaden durchs Hinterland*. Mainz 1985, S. 42.

[105] Bi-yän-lu: *Niederschrift von der Smaragdenen Felswand*. Band

1, München 1964, S. 156.

[106] Yunmen: *ZenWorte vom WolkentorBerg*. Bern 1994, S. 105.

[107] Linji: *Das Denken ist ein wilder Affe. Aufzeichnungen der Lehren und Unterweisungen des großen ZenMeisters*. Bern 1996, S. 160.

[108] Buchner, Hartmut/Tsujimura, Koichi (Übers.) : *Der Ochs und sein Hirte. Eine altchinesische ZenGeschichte*. Pfulligen 1958, S. 92.

[109] Kant, Immanuel: *Kritik der praktischen Vernunft*. Werke in zehn Bänden. Band 6, Darmstadt 1983, S. 143.

[110] Ebd., S. 299.

[111] Ebd., S. 192 f.

[112] Ebd., S. 242.

[113] Ebd., S. 238.

[114] Ebd., S. 241.

[115] Kant, Immanuel: *Kritik der Urteilskraft*. Werke in zehn Bänden. Band 8, Darmstadt 1983, S. 362.

[116] Kant: *Kritik der praktischen Vernunft*, S. 239.

[117] Ebd., S. 288.

[118] La Mettrie, *Julien Offray de: Über das Glück oder Das höchste Gut*. Nürnberg 1985, S. 47.

[119] Ebd., S. 39. Vgl. auch ebd., S. 19 ：“简而言之，我们越有人性，作为人越有尊严：我们对自然、周围的人和社会美德的兴趣越大，我们就越会感到幸福。”

[120] Kant: *Kritik der praktischen Vernunft*, S. 255.

[121] *Der Glückselige. Eine moralische Wochenschrift.* Teil 1, Halle
      1763, S. 3.

[122] Vgl. Martens, Wolfgang: *»Die Geburt des Journalisten in
      der Aufklärung«,* in: *Wolfenbütteler Studien zur Aufklärung.*
      Band 1. Bremen 1974, S. 84–98, hier S. 91："正如人道模式
      （menschenfreundliche Formel）一再表现的那样，18 世纪下
      半叶是创办公益杂志和撰写与利益和娱乐相关的文章的时
      代。在此，记者除了娱乐新闻之外，还为普世教导和道德
      提供了有益于共同利益的实际指导、建议、提示、方案。"

[123] Zit. n. Martens, Wolfgang: *Die Botschaft der Tugend.*
      Die Aufklärung im Spiegel der deutschen Moralischen
      Wochenschriften. Stuttgart 1968, S.71.

[124] Martens, Wolfgang（Hg.）：*Der Patriot. Nach der*
      Originalausgabe Hamburg 1724—26 in drei Textbänden und
      einem Kommentarband kritisch heraus gegeben. Band 1, Berlin
      1969, S. 7.

[125] Zit. n. Martens: *Die Botschaft der Tugend,* S. 272.

[126] Petzold, Dieter: *»Die Lust am erhobenen Zeigefinger. Zur*
      Dialektik von Unterhaltung und moralischer Belehrung, am
      Beispiel des Struwwelpeter«, in: ders.（Hg.）：*Unterhaltung.*
      Sozial und Literaturwissenschaftliche Beiträge zu ihren Formen
      und Funktionen. Erlangen 1994, S. 85–100, hier S. 89.

[127] Luhmann, Niklas: *Die Realität der Massenmedien.* Opladen
      1996, S. 108 f.

[128] Kant: *Kritik der praktischen Vernunft,* S. 289 f.

[129] Ebd., S. 290.

[130] Ebd., S. 291.

[131] Ebd., S. 294.

[132] Ebd., S. 291.

[133] Ebd., S. 295.

[134] Ebd., S. 298.

[135] Ebd., S. 299.

[136] Ebd., S. 294.

[137] Ebd., S. 297.

[138] Kant: *Kritik der Urteilskraft*, S. 439.

[139] Ebd., S. 435.

[140] Ebd., S. 440.

[141] Ebd., S. 405.

[142] Ebd., S. 403.

[143] Ebd., S. 404.

[144] Ebd., S. 283.

[145] Ebd., S. 437.

[146] Ebd., S. 439.

[147] Ebd., S. 437.

[148] Ebd., S. 436.

[149] Ebd., S. 439.

[150] Ebd., S. 436.

[151] Ebd., S. 440.

[152] Ebd., S. 364 f.

[153] Ebd., S. 437：“当某人讲到，一个印度人坐在苏拉特的英

国人的餐桌旁看到英国人打开一瓶啤酒，并且啤酒都变成
泡沫涌了出来，便大叫起来，以表示他的惊奇。英国人问：
有什么值得如此奇怪的呢？他回答：我并不是奇怪啤酒
溢了出来，而是你们怎么把有如此多泡沫的啤酒装进去的
呢？我们都笑了，这真的太有趣了。"

[154] Ebd., S. 345.

[155] Ebd., S. 359.

[156] Ebd., S. 345.

[157] Ebd., S. 364.

[158] Ebd., S. 365.

[159] Ebd., S. 436.

[160] Ebd., S. 437.

[161] Bernard, J. H.（Übers.）: *Kant's Kritik of Judgement.* London/
New York 1892, S. 221.

[162] Kant: *Kritik der Urteilskraft*, S. 285.

[163] Kant, Immanuel: *Anthropologie in pragmatischer Hinsicht.*
Werke in 10 Bänden. Band 10, Darmstadt 1983, S. 554.

[164] Ebd., S. 556.

[165] Ebd., S. 557.

[166] Ebd., S. 552.

[167] Kant, Immanuel: *Metaphysik der Sitten.* Werke in 10 Bänden.
Band 7, Darmstadt 1983, S. 626.

[168] Kant, Immanuel: *Der Streit der Fakultäten.* Werke in 10
Bänden. Band 9, Darmstadt 1983, S. 372.

[169] Kant: *Verkündigung des nahen Abschlusses eines Traktats zum*

ewigen Frieden in der Philosophie. Werke in 10 Bänden. Band 5, Darmstadt 1983, S.406 f.

[170] Ebd., S. 407.

[171] Glotz, Peter: »Über die Vertreibung der Langeweile oder Aufklärung und Massenkultur«, in: ders. u. a.（Hg.）: *Die Zukunft der Aufklärung*. Frankfurt a. M. 1988, S. 215–220, hier S.217.

[172] Heidegger, Martin: *Sein und Zeit*. Tübingen 1993, S. 390.

[173] Ebd., S. 263.

[174] Ebd., S. 262.

[175] Ebd., S. 177.

[176] "庄严"一词本意为"战斗"。

[177] Heidegger: *Sein und Zeit*, S. 384.

[178] Ebd., S. 126.

[179] Ebd., S. 170.

[180] Ebd., S. 169 f.

[181] Ebd., S. 167 f.

[182] Ebd., S. 127.

[183] Ebd., S. 128.

[184] Ebd., S. 169.

[185] Ebd.

[186] Ebd., S. 170.

[187] Ebd., S. 178.

[188] Ebd., S. 322.

[189] Ebd., S. 169.

[190] Ebd., S. 266.

[191] Ebd., S. 187.

[192] Ebd., S. 264.

[193] Ebd., S. 346.

[194] Ebd., S. 189.

[195] Ebd., S. 105.

[196] Ebd., S. 172.

[197] Ebd., S. 105.

[198] Heidegger, Martin: *Gelassenheit*. Pfullingen 1985, S. 15.

[199] Heidegger, Martin: *Aus der Erfahrung des Denkens*. Gesamtausgabe. Band 13, Frankfurt a. M. 1983, S. 9 f.

[200] Ebd., S. 88.

[201] Ebd., S. 89.

[202] Heidegger, Martin: *Vorträge und Aufsätze*. Pfullingen 1954, S. 181.

[203] Heidegger, Martin: *Bremer und Freiburger Vorträge*. Gesamtausgabe. Band 79, Frankfurt a. M. 1994, S. 66.

[204] Heidegger, Martin: *Beiträge zur Philosophie*. Gesamtausgabe. Band 65, Frankfurt a. M. 1989, S.415.

[205] Ebd., S. 260.

[206] Heidegger: *Bremer und Freiburger Vorträge*, S.57.

[207] Vgl. »*Nur noch ein Gott kann uns retten*«, Interview mit Martin Heidegger, in: Der Spiegel vom 31. Mai 1976.

[208] Handke, Peter: *Eine winterliche Reise zu den Flüssen Donau, Save, Morawa und Drina oder Gerechtigkeit für Serbien.*

Frankfurt a. M. 1996, S.55.

[209] Winkels, Hubert: *Leselust und Bildermacht. Literatur, Fernsehen und Neue Medien*. Köln 1997, S.89 f.

[210] Handke: *Eine winterliche Reise*, S. 71.

[211] Kafka, Franz: *Briefe an Milena*. Frankfurt a. M. 1983, S. 302.

[212] Ebd. Vgl. auch Brod, Max/Kafka, Franz: *Eine Freundschaft. Briefwechsel*. Band 2, Frankfurt a. M. 1989, S. 435："当我不写作的时候——在过去的几年这总是我的准则——这主要是因为‘策略上的原因’，我不相信文字和信件，不相信我自己的文字和信件，我要把我的心和世人分享，而不是和那些玩弄文字并伸长着舌头读信的鬼魂分享。我尤其不相信信件，这只不过是一种特殊的执念，粘上信封，把信安全送到收信人手上，就够了。"一种更加人性化的艺术就这样浮现在卡夫卡眼前："还有些东西我先前忘记说了：有时候艺术的本质和艺术的此在于我而言，似乎仅仅出于‘战略上的考量’才能被解释得通，一句真话只能被口口相传。"

[213] Heidegger: *Aus der Erfahrung des Denkens*, S. 88.

[214] Ebd., S. 89.

[215] Brod/Kafka: *Eine Freundschaft*, S. 377 f.

[216] Kafka, Franz: *Nachgelassene Schriften und Fragmente II*. Frankfurt a. M. 1992, S. 355.

[217] Ebd., S. 352 f.

[218] Brod/Kafka: *Eine Freundschaft*, S. 381.

[219] Ebd., S. 385.

[220] Steiner, George: *Von realer Gegenwart. Hat unser Sprechen Inhalt?* München 1990, S. 295.

[221] Ebd., S. 294.

[222] Ebd., S. 283.

[223] Ebd., S. 276.

[224] Ebd., S. 275.

[225] Ebd., S. 294.

[226] Ebd., S. 281 f.

[227] Ebd., S. 302.

[228] Kunst heute, Nr. 3: *Robert Rauschenberg im Gespräch mit Barbara Rose.* Köln 1989, S. 127.

[229] Ebd., S. 124.

[230] Ebd., S. 101.

[231] Ebd., S. 290.

[232] Ebd., S. 79.

[233] Ebd., S. 90.

[234] Ebd., S. 93.

[235] Brod/Kafka: *Eine Freundschaft,* S. 378.

[236] *Robert Rauschenberg im Gespräch,* S. 93.

[237] Ebd., S. 99 f.

[238] Ebd., S. 83.

[239] »*Ich habe meinen Himmel*«, *Interview mit Robert Rauschenberg,* in: Die Zeit vom 12. Januar 2006.

[240] Westerbarkey, Joachim: »*Von allerley Kurzweyl oder vom wissenschaftlichen Umgang mit einem antiquierten Begriff*«,

in: ders. u. a.（Hg.）: a/effektive Kommunikation. Unterhaltung und Werbung. Münster 2003, S. 13–24, hier S. 21.

[241] Ebd., S. 13.

[242] Vorderer, Peter: »Was wissen wir über Unterhaltung?«, in: a/effektive Kommunikation, S. 111–131, hier S. 111.

[243] Westerbarkey: »Von allerley Kurzweyl«, S. 13.

[244] Thomas, Hans: »Was scheidet Unterhaltung von Information«, in: Bosshart, Louis/Hoffmann Riehm, Wolfgang（Hg.）: Medienlust und Mediennutz. Unterhaltung als öffentliche Kommunikation. München 1994, S. 62–80, hier S. 71.

[245] Ebd., S. 70.

[246] Luhmann: Die Realität der Massenmedien, S. 96.

[247] Ebd., S. 97.

[248] Ebd., S. 51.

[249] Ebd., S. 98.